बिना दीवारों के घर
(नाटक)

बिना दीवारों के घ

मन्नू भंडारी

राधाकृष्ण

ISBN : 978-81-7119-759-0

बिना दीवारों के घर (नाटक)
© मन्नू भंडारी

पहला संस्करण : 1966
छठा संस्करण : 2017

मूल्य : ₹350

प्रकाशक
राधाकृष्ण प्रकाशन प्राइवेट लिमिटेड
7/31, अंसारी मार्ग, दरियागंज, नई दिल्ली-110 002
शाखाएँ : अशोक राजपथ, साइंस कॉलेज के सामने, पटना-800 006
पहली मंजिल, दरबारी बिल्डिंग, महात्मा गांधी मार्ग, इलाहाबाद-211 001
36 ए, शेक्सपियर सरणी, कोलकाता-700 017

वेबसाइट : www.radhakrishnaprakashan.com
ई-मेल : info@radhakrishnaprakashan.com

मुद्रक
बी.के. ऑफसेट
नवीन शाहदरा, दिल्ली-110 032

BINA DEEWARON KE GHAR
Play by Mannu Bhandari

भूमिका

'बिना दीवारों के घर' नाटक का प्रथम संस्करण 1966 में हुआ था और साल-डेढ़ साल बाद ही इसका दूसरा संस्करण भी आ गया। कुछ शहरों में इसका सफल मंचन भी हुआ और इसने प्रशंसा भी बटोरी पर दिल्ली और ग्वालियर की प्रस्तुतियाँ देखकर मुझे लगा कि थोड़े से सम्पादन-संशोधन से इसे और अधिक चुस्त और प्रभावपूर्ण बनाया जा सकता है, सो मैंने तीसरा संस्करण छपने से रोक दिया, लेकिन उस समय मैं 'आपका बंटी' उपन्यास से जूझ रही थी...उससे मुक्त हुई तो दूसरी व्यस्तताओं ने कुछ इस तरह घेर लिया कि मानसिक धरातल पर फिर से इस नाटक के साथ जुड़ पाना मेरे लिए सम्भव ही नहीं रहा तो प्रकाशक ने 1976 में इसका तीसरा संस्करण छाप दिया। 1979 में अपने ही कॉलेज (मिराण्डा-हाउस) में मंचित करने के लिए जब निर्देशक रामगोपाल बजाज ने इस नाटक का केवल चुनाव ही नहीं किया बल्कि मेरे विरोध करने पर अड़ भी गये कि वे इसी नाटक का मंचन करेंगे और यदि मुझे आपत्ति है तो मैं तुरत-फुरत इसका संशोधन आरम्भ कर दूँ, वरना वे इसी रूप में खेलेंगे, क्योंकि उन्हें तो नाटक के इस रूप से भी कोई आपत्ति नहीं है। यह बज्जू भाई की ज़िद ही थी जिसने वर्षों से स्थगित हो रहे काम की ओर मुझे ठेल ही दिया और फिर तो जैसे ही

मैं नाटक के साथ पूरी तरह जुड़ी, उसका कथ्य...उसके पात्र मुझ पर छा गए और लिखने का जो सिलसिला शुरू हुआ तो वह नाटक का मात्र सम्पादन-संशोधन ही नहीं रहा बल्कि एक तरह से पुनर्लेखन ही हो गया। पात्र केवल नया व्यक्तित्व लेकर ही नहीं उभरे बल्कि उनकी भाषा (संवाद) भी बदल गई और नए आयामों ने कथानक का तो कायाकल्प ही कर डाला ! अजीब अनुभव था वह भी—रोज़ मैं दो-तीन दृश्य लिखती थी और उनका रिहर्सल शुरू हो जाता था यानी कि लेखन और रिहर्सल साथ-साथ चलते रहे। जब मंचन हुआ तो प्रस्तुति बहुत ही सफल और प्रभावपूर्ण रही—यह मेरा अनुभव नहीं, दर्शकों की प्रतिक्रिया थी और तब मैंने फिर नाटक के चौथे संस्करण को रोक दिया क्योंकि अब नाटक को नए रूप में ही आना था। योजना यही थी कि बेहद हड़बड़ी में लिखे गए इस नाटक को छपवाने से पहले एक बार फिर रिवाइज़ करूँगी पर थोड़े से अन्तराल के बाद, जिससे अभी की इस प्रस्तुति से मुक्त हो सकूँ—पूरी तरह; लेकिन दुर्भाग्य से हाथ से लिखी मेरी उस इकलौती पांडुलिपि को दीमक ने कुछ इस तरह चाटा कि नाटक के उस नए प्रारूप का अस्तित्व ही मिट गया।

अब तो मुझे लगता है कि नाटक के इस रूप में भी ऐसा कुछ है ज़रूर जो मेरी संशोधन-सम्पादन-पुनर्लेखन की योजनाओं को बार-बार ध्वस्त करके अपने को फिर से छपवा ही लेता है तो मैं ही अब न छपवाने का दुराग्रह लेकर क्यों बैठूँ ? लम्बे अन्तराल के बाद चौथा संस्करण अब इसी रूप में सही।

—मन्नू भण्डारी

पात्र-सूची

अजित	सेठ सम्पतलाल
शोभा	शुक्ला
मीना	श्रीमती शुक्ला
जयन्त	चावला
जीजी	श्रीमती चावला
बंसी	चौधरी
नौकर	श्रीमती चौधरी
डॉक्टर	

प्रथम-अंक

पहला दृश्य

(पर्दा उठता है। अजित का ड्राइंग-रूम। अस्त-व्यस्त-सा। सबेरे के आठ बजे हैं। भीतर से तानपुरे पर आलाप लेता हुआ नारी-स्वर सुनाई देता है। अजित कुछ गुनगुनाता हुआ प्रवेश करता है। चेहरे पर हजामत का साबुन लगा है, हाथ में खाली रेज़र। इधर-उधर कुछ ढूँढ़ता है, फिर खिजलाए-से स्वर में पुकारता है।)

अजित : शोभाऽऽ–*(भीतर से गाने का स्वर पूर्ववत आता रहता है। आवाज़ को सप्तम-स्वर पर ले जाकर)* श्रीमती शोभा देवी जीऽऽ–*(भीतर गाने का स्वर बन्द हो जाता है।)*

(शोभा का प्रवेश)

शोभा : क्या है ? क्यों घर सिर पर उठा रखा है ?

अजित : मैं पूछता हूँ इस घर में कभी कोई चीज़ ठीक जगह पर भी रहती है या नहीं ?

शोभा : क्या चाहिए आपको ?

अजित : एक घंटा हो गया, कहीं ब्लेड का पता नहीं और तुम हो कि वहाँ बैठकर अलाप रही हो–

शोभा : ओ होऽऽ ! तो अब आपकी चीज़ें ठिकाने पर रखने का काम भी मेरा है ? *(दराज़ से ब्लेड निकालकर देती है।)*

अजित : अरे, मेरी चीज़ तुम्हारी चीज़ क्या होता है ? सारी चीज़ें घर की हैं, और घर की हर चीज़ ठिकाने पर है या नहीं, यह देखना औरत का काम है। बोलो, है या नहीं ? बोलो–बोलो–

शोभा : अच्छा, मान लिया है। अब ज़रा यह भी बता दीजिए कि घर के आदमी का क्या काम है ? घर की हर चीज़ को इधर-उधर फेंकते फिरना और फिर दुनिया-भर का शोर मचाना, क्यों ?

अजित : हाँ-हाँ ! *(हँसता है।)* शोभा, समझती तुम सब हो ! अरे, बीवी अपनी बड़ी समझदार है *(भीतर से आवाज़ आती है)* ममीऽऽ–ममी, हमारे मोज़े कहाँ रखे हैं ? *(शोभा अजित को देखती है।)*

शोभा : लो, अब बिटिया के मोज़े नहीं मिल रहे।

अजित : उसे समझाओ भई, कि अपनी चीज़ सँभालकर रखा करे। यह शिक्षा तो तुमको देनी चाहिए उसे कम-से-कम।

शोभा : *(जाते-जाते)* अच्छा जी, तो आप यह कह रहे हैं ? लापरवाही से चीज़ें रखने में वह आपकी बिटिया नहीं, गुरु है गुरु। *(प्रस्थान)*

(अजित जल्दी-जल्दी हजामत समाप्त करता है, नहाने के लिए भीतर जाने लगता है। शोभा का प्रवेश।)

अजित : *(हजामत का सामान उठाते हुए)* देखो, मैं अपना सामान अपने-आप साफ़ करने ले जा रहा हूँ।

शोभा : बड़ी मेहरबानी आपकी।

अजित : तुम ज़रा कमरा ठीक कर दो। हो सकता है मिस्टर अग्रवाल को मुझे अपने साथ ही लाना पड़े। वैसे मैं लाऊँगा नहीं, फिर भी–*(प्रस्थान)*

शोभा : *(कमरा ठीक करते हुए)* चाहती हूँ सबेरे कम-से-कम घंटा आधा घंटा रियाज़ के लिए ही निकाल लूँ, सो भी नहीं हो

पाता। यहाँ किसी से भी तो अपना काम नहीं होता। घर का काम देखो, कॉलेज का काम देखो—ऊपर से नौकर और चला गया !

(अजित प्रवेश करता है। बिना बटनों के कफ़ लटक रहे हैं, सामने के बटन भी खुले हैं।)

अजित : अरे शोभा, कमीज़ में बटन भी लगाकर नहीं रखे ! देखना, ज़रा जल्दी से—

शोभा : *(बटन लगाते हुए)* हद है ! यानी कि आप अपने बटन भी नहीं लगा सकते ?

अजित : अब तुम चाहे कुछ भी कह लो, पर इस सबके लिए ज़िम्मेदार तुम ही हो, समझीं !

शोभा : हाँ, सो तो हूँ ही। दुनिया के किसी भी कोने में कोई भी ख़राब काम हो, ज़िम्मेदार तो शोभा ही होगी। घर का काम ठीक समय पर नहीं होता, मैं ज़िम्मेदार; तुम अपना काम नहीं करते, मैं ज़िम्मेदार; अप्पी काम नहीं करती, मैं ज़िम्मेदार; नौकर चला गया, मैं ज़िम्मेदार; नया नौकर नहीं मिल रहा, मैं ज़िम्मेदार; नल का पानी चला जाता है, मैं ज़िम्मेदार—

अजित : अरे, बस बस ! मैं तो अपनी बात कह रहा हूँ। जानती हो, मैं अपने होस्टल में व्यवस्था के लिए प्रसिद्ध था ? अपना ही नहीं, अपने सब दोस्तों का काम भी किया करता था। और ये जो जयन्त साहब हैं न, जिनका उदाहरण तुम बात-बात में देती हो, इनको क़ायदे से रहना मैंने ही सिखाया है। आज अंग्रेज़ी कम्पनी में जाकर ये शेखी चाहे कितनी बघारें, गुरु तो इनका मैं ही रहा हूँ, पर तुमने आकर मुझे एकदम बेकार कर दिया। तीन साल पहले तक वह ख़ातिर होती थी हमारी कि अजित साहब चौपट। तुम्हीं ने बिगाड़ा और अब तुम्हीं नाराज़ होती हो। *(गाने के स्वर में)* शोभाजी ने निकम्मा कर दिया, वरना हम भी आदमी थे काम के।

शोभा : *(मुस्कुराते हुए)* पता नहीं किस ज़माने में तुम काम के थे। मैं तो आई हूँ तब से ऐसा ही बेकार देख रही हूँ। *(कुछ*

ठहरकर) यह सच है कि अब मैं तुम्हारी उतनी देखभाल नहीं कर सकती। पहले तुम्हारे और घर के सिवाय और कोई काम ही नहीं था सो सारे दिन उसी में लगी रहती थी। अब उतना काम कॉलेज के साथ सम्भव नहीं होता। नौकरों का हाल तो तुम देख ही रहे हो !

अजित : तो मैं क्या करूँ ? मुझसे भी अब यह सब काम नहीं होता।

शोभा : ज़रा-सा ध्यान देने की बात है। जब मैं पढ़ती थी तब तो तुम काफ़ी काम किया करते थे। अप्पी को भी सम्हाल लिया करते थे, कितना हाथ बँटाते थे मेरा...आख़िर अभी ही क्या हो गया है ?

अजित : तब की बात ही और थी। मैं तो चाहता हूँ वे दिन फिर लौट आएँ। आजकल आधी जान तो यह कम्बख़्त ऑफ़िस ही निकाल लेता है। तनख़्वाह अच्छी भले ही देते हों, पर तेल भी पूरा निकाल लेते हैं। नौकरी तो किसी अंग्रेज़ी कम्पनी में मिले तब है मज़ा। साला जयन्त ऐश करता है। अच्छा, अभी तो चला।

(शोभा कमरा ठीक करके भीतर जाती है। पर दूसरे ही क्षण घंटी बजती है तो आकर दरवाज़ा खोलती है। मीना का प्रवेश।)

शोभा : *(अपार आश्चर्य से)* अरे मीना ! सुना तो था कि तुम कलकत्ता आई हो। पर बस, देख रहे थे कि हमें याद करती हो या नहीं ?

मीना : देखो, मैंने तो फिर भी याद कर ही लिया। तुम लोग तो शायद कभी भूलकर भी याद नहीं करते, क्यों ?

शोभा : नहीं-नहीं, ऐसी बात नहीं है मीना। कितनी ही बार तुम्हारी चर्चा चलती है। पर अब तुम्हारा कोई निश्चित पता हो तब तो तुम्हारे साथ सम्पर्क भी रखा जाए। परसों जयन्त ने ही तुम्हारे यहाँ आने की ख़बर दी थी। याद तो वे भी अकसर करते हैं तुम्हें। *(अर्थ-भरी निगाहों से देखती है।)*

मीना : पहले की तरह जयन्त अब भी यहाँ आते हैं ? कैसे हैं वे ?

शोभा : हाँ, आते ही हैं। आज तो उनके अभी आने की बात है।

आ जाएँ तो ख़ुद ही देख लेना !

मीना : अजित क्या ऑफ़िस चले गए ?

शोभा : नहीं, किसी से मिलने गए हैं, दस तक लौट आएँगे। तब तक तो तुम बैठोगी ?

मीना : नहीं, आज नहीं। अभी तो मैं तुम्हें गाने का निमन्त्रण देने आई हूँ। सुना, तुमने हमारे कार्यक्रम में गाने से इनकार कर दिया, इसीलिए ख़ुद बुलाने आना पड़ा।

शोभा : चलो इसी बहाने आईं तो सही। *(एक क्षण ठहरकर)* क्या बताऊँ मीना, गाने को इसलिए मना कर दिया था कि आजकल रियाज़ तो कर नहीं पाती ज़रा भी। अब इन चीज़ों में आप एक बार ढील डाल दें तो फिर कुछ नहीं होता।

मीना : वाह, मैं तो रेडियो पर अकसर ही तुम्हारे गाने सुनती हूँ। देखो, गाना तुमको गाना है, मैं कोई बहाना नहीं सुनूँगी। रेडियो पर जब गा सकती हो तो हमारे कार्यक्रम में क्यों नहीं गा सकतीं ?

शोभा : रेडियो की तुमने भली चलाई। वहाँ एक बार नाम लिख जाए तो बस फिर अपने आप बुलावा आता रहता है। फिर कुछ गीत उन लोगों ने रिकार्ड भी कर रखे हैं सो बजाते रहते हैं और मैं तो वहाँ भी मना कर दूँ, पर जयन्त बुरी तरह पीछे पड़ जाते हैं—यों समझ लो एक तरह मजबूर कर देते हैं।

मीना : हमेशा जयन्त मजबूर करते हैं, आज मैं मजबूर करने आयी हूँ। मेरी इतनी-सी बात नहीं मानोगी ?

शोभा : दस बजे तक तुम ठहर जाओ। अजित आ जाएँ तो तुम ख़ुद उनसे कहना।

मीना : यह क्या ? तुम्हें अजित की इजाज़त चाहिए।

शोभा : बस कुछ ऐसा ही समझ लो। इन्हें मेरा इधर-उधर जाना पसन्द नहीं है। और मैं नहीं चाहती कि ज़रा-सी बात के लिए—

मीना : *(बात काटकर)* क्या कह रही हो तुम ? यह कब से हो गया ? अजित ने इतने शौक़ से तुम्हें गाना सिखलाया,

खदेड़-खदेड़कर तुम्हें ख़ुद कार्यक्रमों में भेजा करते थे। जब तक तुम्हारा गाना नहीं हो जाता था, तुमसे ज़्यादा वे घबराए रहते थे !

शोभा : *(सोचते हुए)* हाँ, वह सब कभी था। आजकल इन्हें पसन्द नहीं है यह सब। अजित शायद पहले से बहुत बदल गए हैं। कभी-कभी लगता है, शायद मैं बदल गई हूँ।

मीना : तुम तो मुझे सचमुच बदली हुई लग रही हो। क्या बदला है सो तो इतनी जल्दी नहीं बता सकती, पर पहले से कुछ ज़्यादा सजीली ज़रूर हो गई हो। कॉलेज में पढ़ा रही हो न आजकल ? और हाँ, अप्पी कहाँ है ? बड़ी हो गई होगी अब तो ख़ूब ?

शोभा : हाँ, छह साल की हो गई। *(उठकर फ़ोटो दिखाती है)* यह है उसकी नई तस्वीर !

मीना : इतनी बड़ी हो गई ! सूरत तो तुम जैसी है बिलकुल।

शोभा : अच्छा तुम पाँच मिनट बैठो, मैं ज़रा चाय बनाकर ले आऊँ। आजकल नौकर तो है नहीं इसलिए...

मीना : चाय-वाय तुम छोड़ो, मुझे अभी-अभी लौटना है। तुम गाने का वादा कर लो, मेरी ख़ातिर तो उसी से हो जाएगी।

शोभा : वाह-वाह ! क्या कहने तुम्हारे ! जैसे मैं तुम्हें बिना चाय पिलाए जाने ही दूँगी न ? तुम दो मिनट बैठो, बस अभी लाई।

(शोभा उठकर जाती है। मीना कुछ देर अप्पी की तस्वीर देखती है। फिर उठकर मेंटलपीस पर रखी और तस्वीरें देखती है। दरवाज़े की ओर उसकी पीठ है। जयन्त प्रवेश करता है।)

जयन्त : *(आधा मंच पार करके)* देखा शोभा, मैंने तुम्हारे लिए– *(मीना घूमकर पीछे देखती है। जयन्त विस्मय से जहाँ का तहाँ खड़ा रह जाता है।)* ओह, आप हैं ? (लौटने लगता है।)

मीना : आप लौट क्यों पड़े ?

जयन्त : मैंने सोचा था कि शोभा है–

मीना : और निकल गई मीना ! पर मेरा होना ही क्या इतना बड़ा गुनाह है जयन्त, कि एकदम लौटना ही पड़े ?

जयन्त : नहीं-नहीं, ऐसी बात नहीं। मैंने सोचा शायद मेरी मौजूदगी आपको नागवार गुज़रे।

मीना : इतनी असभ्य तो मैं शायद कभी नहीं थी कि एक भले आदमी को–

जयन्त : *(बीच में ही)* भला आदमी आप मुझे समझती हैं क्या ?

(शोभा का प्रवेश)

शोभा : अरे जयन्त आ गए तुम ? आओ, तुम दोनों का परिचय करवा दूँ। *(हँसते हुए)* ये हैं श्रीमती मीनादेवी और ये हैं–

मीना : मेरी याददाश्त इतनी कमज़ोर नहीं कि चार साल में ही सबकुछ भूल जाऊँ।

जयन्त : शुक्र है ख़ुदा का कि याद तो बनी हुई है !

शोभा : अच्छा मीना, प्याज़ खाना तो नहीं छोड़ा न ? ये जनसेवी लोग कभी-कभी बड़े शाकाहारी क़िस्म के हो जाते हैं।

मीना : शोभा, किस झंझट में पड़ रही हो तुम ? सिर्फ़ चाय ही ले आओ। देखो मुझे फिर जाना भी है।

शोभा : झंझट क्या, बस पाँच मिनट में लाई। *(प्रस्थान)*

मीना : *(बड़े ही स्निग्ध स्वर में)* कैसे हो जयन्त ?

जयन्त : अच्छा ही हूँ।

मीना : लग तो नहीं रहे। देख रही हूँ, पहले से बहुत दुबले हो गए हो।

जयन्त : दुबला ? *(हँसता है)* शायद तुम्हारी आँखों का फेर है। बल्कि यह बात तो मुझे तुमसे कहनी चाहिए थी। *(कुछ रुककर)* अच्छा, यह बताओ तुम्हारा काम कैसा चल रहा है ? कितने परिवारों का उद्धार किया, कितनी औरतों को मुक्ति दिलवाई ?

मीना : देख रही हूँ, आज भी मुझ पर तुम्हारी नाराज़गी ज्यों-की-त्यों बनी हुई है।

जयन्त : नाराज़गी ? मैं तो कभी भी तुम पर नाराज़ नहीं था।

मीना : रग्घू कैसा है ? कभी मुझे भी याद करता है या नहीं ?

जयन्त : कई बार ! *(सिगरेट का पैकेट जेब में टटोलते हुए)* ऐतराज़ न हो तो सिगरेट पी लूँ ? *(मीना स्वीकृति में सिर हिलाती है।)* अब तो सिगरेट के धुएँ से परेशान करने वाला शायद

कोई न होगा, क्यों ?

मीना : *(बुझे-से स्वर में)* हाँ, कोई नहीं करता। कभी-कभी मन करता है कि कोई करे तब भी कोई नहीं करता।

(जयन्त सिगरेट को होठों से लगाकर जेब में लाइटर ढूँढ़ता है। मीना बीच मेज़ से दियासलाई उठाकर जयन्त की सिगरेट जलाने उसके पास पहुँच जाती है। सींक की रोशनी में एक क्षण तक दोनों एक-दूसरे को देखते हैं। शोभा का प्रवेश। दोनों को इस रूप में देखकर ठिठक जाती है।)

शोभा : बुरे मौक़े पर घुस आई क्या ?

मीना : *(सिगरेट जलाकर माचिस फेंकते हुए)* नहीं-नहीं, आओ न ! *(शोभा चाय के बर्तन रखकर चाय बनाती है।)*

शोभा : देखो जयन्त मीना ज़िद कर रही है कि कल शाम को इनके समारोह में जाऊँ। अब तुम्हीं बताओ, आजकल रियाज़ कहाँ कर पाती हूँ ?

मीना : तुम सिफ़ारिश कर दो न जयन्त ! सुना है तुम्हारे कहने से यह रेडियो में तो गा ही देती हैं।

जयन्त : गाती क्यों नहीं शोभा ? कौन वहाँ बड़ा इम्तिहान हो रहा है जो लम्बे-चौड़े रियाज़ की ज़रूरत है।

शोभा : तुम कुछ देर ठहर जाओ मीना, ये आते ही होंगे, तुम कहोगी तो कभी मना नहीं करेंगे।

जयन्त : हाँ, तो यों कहो न कि अजित का डर लग रहा है। रियाज़ का बहाना क्यों बना रही हो ?

मीना : शोभा, ठहर तो नहीं पाऊँगी...हाँ, तुम कहो तो फ़ोन कर दूँ दस-साढ़े दस बजे के बीच। पर गाना तुमको हर हालत में पड़ेगा, मैं अभी से कहे देती हूँ।

जयन्त : तुम्हारे कहने से क्या होता है ? अजित इजाज़त देगा तो गाएँगी। *(शोभा से)* एक बार मैं तुम्हारे कॉलेज आकर देखना चाहता हूँ कि तुम लड़कियों को कैसे सम्हालती हो। बिना पूछे एक गाना गाने की हिम्मत तुममें है नहीं !

(जीजी का प्रवेश)

शोभा : अरे आप आ गईं जीजी ! यह मीना।

(मीना नमस्कार करती है। जीजी भी करती हैं और बड़े ग़ौर से उसे देखती हैं। जयन्त कुछ अटपटा-सा महसूस करता है।)

मीना : बैठिए।

जीजी : *(बैठते हुए)* इस समय तो बस में आने से प्राण ही निकल जाते हैं !

शोभा : आप बस में घुस कैसे लेती हैं इस समय, मुझे तो इसी में आश्चर्य होता है। आप शाम को क्यों नहीं जातीं सत्संग में।

जीजी : सत्संग में सबेरे न जाने से मुझे लगता है जैसे सारा दिन बिगड़ गया। *(मीना की ओर से)* आप कलकत्ता तो नहीं रहतीं शायद ?

मीना : जी अभी आई हूँ। *(उठते हुए)* अच्छा, अभी तो चलूँगी। *(शोभा से)* तो मैं दस-साढ़े दस बजे के बीच अजित को फ़ोन करूँगी ! यों थोड़ी भूमिका तुम बाँधकर रखना।

जयन्त : तुम्हें जाना किधर है मीना ?

मीना : यहाँ से तो चौरंगी ही जाऊँगी।

जयन्त : चलो, तो मैं तुम्हें छोड़ देता हूँ *(शोभा से)* और हाँ देखो, मेहता साहब एक नौकर भेजेंगे। बात करके देखना। अच्छा जीजी, इन्हें ज़रा छोड़ आऊँ।

(नमस्ते करके दोनों चलने लगते हैं। जीजी भीतर चली जाती हैं।)

जयन्त : तुम्हारी क्लास कितने बजे है ?

शोभा : बारह से।

जयन्त : हो सका तो मीना को छोड़कर एक चक्कर लगा लूँ। साढ़े ग्यारह पर मुझे इधर ही किसी से मिलने जाना है।

शोभा : फिर कब आ रही हो मीना ? आज के आने को मैं आना नहीं मानूँगी, समझीं ?

मीना : *(हँसते हुए)* इतना आऊँगी कि तुम तंग आ जाओगी। बस मुझे ज़रा फ़ुरसत मिलने दो।

(जयन्त और मीना जाते हैं। शोभा दरवाज़ा बन्द करके भीतर जाती है। कुछ देर रंगमंच खाली रहने के बाद

फिर घंटी बजती है। शोभा आकर दरवाज़ा खोलती है। अजित का प्रवेश।)

शोभा : अरे, आप आ गए ?

(अजित बैग एक तरफ़ फेंककर बैठता है।)

शोभा : मीना आई थी।

अजित : *(आश्चर्य से)* मीना ? कितनी देर ठहरी ? हाँ, वह आजकल कलकत्ते आई हुई है। तो आई यहाँ !

शोभा : तुम्हें याद कर रही थी। अभी तो उसे कहीं जाना था सो ठहरी नहीं, बाद में आएगी।

अजित : अच्छाऽ ! मुझे याद कर रही थी ? वैसे क्या हाल हैं उसके ?

शोभा : उसी समय जयन्त भी आ गए।

अजित : जयन्त, इस समय ? *(ज़रा-सी भृकुटि चढ़ जाती है जिस पर शोभा का भी ध्यान जाता है। पर तुरन्त अपने को सहज बनाता हुआ)* कोई ऐसी-वैसी बात तो नहीं हुई न ?

शोभा : नहीं-नहीं, बिलकुल नहीं। जयन्त ही उसे छोड़ने गए हैं। मुझे तो लगा दोनों के मन में हल्का-सा अफ़सोस ही है शायद।

अजित : क्यों, कोई ऐसी बात हुई क्या ?

शोभा : नहीं, बात तो नहीं हुई, ठहरी ही तो ज़रा-सी देर...मुझे कल शाम को अपने समारोह में गाने का निमन्त्रण देने के लिए आई थी।

अजित : पर तुम तो उसके लिए पहले ही मना कर चुकी हो ? कल ही तो कोई आया था बुलाने।

शोभा : इसलिए तो वह खुद आई।

अजित : और तुमने हाँ भर दी होगी ?

शोभा : *(भरपूर नज़रों से देखते हुए)* नहीं, इनकार कर दिया।

अजित : क्या कहा ?

शोभा : कह दिया मेरे पास समय नहीं है।

अजित : हाँऽ, और क्या ? आख़िर कहाँ-कहाँ जाएँ और क्या-क्या करें ? कॉलेज, बच्ची और घर, यही काफ़ी है। फिर इन सब में जाने लगो तो कोई अन्त ही नहीं। मीना ने बुरा तो नहीं माना।

शोभा : माना भी होगा तो क्या कर सकती हूँ ? सबको तो एक साथ ख़ुश नहीं रखा जा सकता।

(फिर टेलीफ़ोन की घंटी बजती है, अजित उठाता है।)

अजित : हलोऽ–जी, जी हाँ।–जयन्त बाबू ? इस समय तो वे यहाँ नहीं हैं, आए थे, चले गए। क्या ? साढ़े ग्यारह तक यहाँ फ़ोन करके को कहा था ?–नौकर ! जी हाँ, नौकर तो यहीं चाहिए। आ तो जाना चाहिए, मकान तो बिलकुल सड़क पर है।–हाँ-हाँ, आता ही होगा। अच्छा, बहुत-बहुत धन्यवाद। *(फ़ोन रखता है। शोभा से)* जयन्त क्या साढ़े ग्यारह तक यहाँ रहनेवाला था ?

शोभा : पता नहीं, ऐसी तो कोई बात नहीं हुई। आए तो मीना बैठी हुई थी। हाँ, नौकर की बात ज़रूर कही थी कि मेहता साहब कोई नौकर भेजेंगे। और जाते समय यह भी कहा था कि हो सका तो मीना को छोड़कर वापस आएँगे। साढ़े ग्यारह बजे उन्हें इधर ही किसी से मिलना है।

अजित : हूँ ! तुम्हारी क्लास कब से है ?

शोभा : बारह से।

अजित : तो मेरे साथ तो तुम नहीं ही चलोगी।

शोभा : अभी से जाकर क्या करूँगी ? अभी तो मुझे अपना लैक्चर भी तैयार करना है।

(फिर फ़ोन की घंटी बजती है, अजित उठाता है।)

अजित : हलोऽऽ–। ओह, कौन मीनाजी ? नमस्कार, नमस्कार ! कहिए, कैसी हैं ? देखिए, आप आईं और हमसे मिले बिना ही चली गईं ?–हाँ–हाँ–क्या ? मेरी इजाज़त, कमाल करती हैं आप भी ? बात यह है मीनाजी, कि शोभा ख़ुद जाना पसन्द नहीं करती है आजकल। इन सब चीज़ों के लिए बहुत समय चाहिए न, और इतना समय वह निकाल नहीं पाती। यहाँ तो रोज कुछ न कुछ लगा ही रहता है। अब जिसके कार्यक्रम में भाग न लो वही नाराज़, इसीलिए...। डाँटकर भेज दूँ ? आपने क्यों नहीं डाँटा ? अरे मीनाजी, आजकल पति बेचारे को कौन गिनता है ? क्या कहा, मेरी ज़िम्मेदारी है ? बड़ी टेढ़ी ज़िम्मेदारी दे रही

हैं आप ! ख़ैर, आपकी आज्ञा तो माननी पड़ेगी।—हाँ-हाँ, जाएगी। मैं ? ज़रूर साहब, मैं भी ज़रूर आऊँगा। आप इधर कब आएँगी ? हाँ, ज़रूर आइए, खाली होते ही। अच्छा नमस्ते—*(फ़ोन रखते हुए शोभा से)* मीना का फ़ोन था। कह रही थी जैसे भी हो शोभा को गाना ही होगा। आप ज़ोर देकर भेजिए। *(कुछ ठहरकर)* सोचता हूँ, मीना के समारोह में तुम चली ही जाओ।

शोभा : *(हल्के मुस्कुराती है)* क्यों, मीना के समारोह में ऐसी क्या बात है भला ?

अजित : कुछ तो है ही। आख़िर उससे हमारा बहुत पुराना सम्बन्ध है, फिर वह यह न समझ ले कि जयन्त से सम्बन्ध टूटने के कारण हमने उससे भी सम्बन्ध तोड़ लिया। कल चली ही जाना।

शोभा : जाकर करूँगी क्या ? कोई गाना तैयार नहीं है, रियाज़ के लिए समय ही कहाँ मिल पाता है ?

अजित : अब ज़्यादा इतराओ मत। कितने ही गाने तुम्हारे तैयार हैं।

(घंटी बजती है। अजित उठकर दरवाज़ा खोलता है। एक अपरिचित व्यक्ति का प्रवेश। वह एक चिट्ठी देता है।)

अजित : *(पत्र पढ़ते हुए)* तो तुम्हें मेहता साहब ने भेजा है ?

(वह व्यक्ति स्वीकृति-सूचक सिर हिलाता है।)

क्या नाम है तुम्हारा ?

व्यक्ति : नाम तो साहब ने चिट्ठी में लिख ही दिया है।

अजित : ओह ! *(एक क्षण उसका मुँह देखकर फिर पत्र में देखता है।)* ओह ! बंसीलाल। अच्छा तो देखो, यहाँ काम करना होगा तुम्हें। पहले ही सारी बातचीत हो जाए तो ज़्यादा अच्छा रहेगा।

बंसी : हाँ साब ! ठीक ही रहेगा !

शोभा : काम तो तुम सब करोगे न ?

बंसी : सब से क्या मतलब है साब आपका ?

शोभा : अरे, सब काम से मतलब यही है कि कपड़े धोना—

बंसी : *(बीच ही में)* कपड़े धोना ? तो क्या साब, आपके यहाँ धोबी नहीं आता ?

शोभा : धोबी तो आता है, पर रोज़मर्रा के जो कपड़े होते हैं उनको तो धोना पड़ेगा। और चौका-बरतन।

बंसी : चौका-बरतन के लिए तो साब, आपको कहारिन रखनी पड़ेगी, वह हम नहीं करेंगे।

अजित : आप कपड़े नहीं धोएँगे, बरतन साफ़ नहीं करेंगे, तो आख़िर आप करेंगे क्या ?

बंसी : हमारे लायक जो काम होगा वह सब करेंगे, साब !

अजित : आपकी लियाक़त ?

बसी : यहाँ के मुख्यमन्त्री के नौकरों की फ़ेहरिस्त में हमारा नाम है, साब !

अजित : वाह-वाह, क्या ख़ूब ! तब तो सचमुच ही तुम बड़े लायक आदमी हो यार।

शोभा : अच्छा यह बताओ खाना-वाना बनाना भी जानते हो या नहीं ?

बंसी : खाना ? आप भी क्या बात करते हैं साब ! लोग बागों ने हवाई जहाज बना लिये और हम खाना नहीं बना सकते ? *(अजित, शोभा हँसने लगते हैं।)* पर बात यह है साब कि हम पहले जहाँ काम करते थे वहाँ हमें पका-पकाया खाना मिलता था। फिर यह काम साब है भी औरतों का। आदमी रसोई में चला भले ही जाए, जँचता ज़रा भी नहीं है।

अजित : सीम्स टु बी एन इन्टरैस्टिंग पर्सन?

शोभा : अच्छा, तनख़्वाह क्या लोगे ?

(जीजी का प्रवेश। वे चुपचाप आकर खड़ी हो जाती हैं।)

बंसी : हमारी लियाक़त देख लीजिए और आप ही तय कर दीजिए साब। हम क्या बोलेंगे भला ?

अजित : बात यह है कि यह भी पहले से ही तय हो जाए तो अच्छा है। वो तुम्हारी लियाक़त का थोड़ा सबूत तो मिल ही गया।

बंसी : तो फिर हम भी साफ़ बात ही करेंगे साब ! बाज़ार आप किससे करवाएँगे ?

शोभा : बाज़ार ? क्या मतलब ?

बंसी : *(ज़रा सकुचाते हुए)* मतलब यही है कि अगर बाज़ार का सौदा-सुलुफ हम ही करेंगे तो 30) लेंगे, वरना 40) महीना।

अजित : तो तरकारी-भाजी में आप दस रुपया मारेंगे, क्यों ? हो दोस्त, बड़े ईमानदार !

बंसी : अरे साब ! दस रुपए के लिए बेईमानी करके कौन अपना लोक-परलोक बिगाड़े ! नौकर हैं तो इसका यह मतलब नहीं कि हमारा कोई ईमान ही नहीं। ये तो भाग से नौकरी करनी पड़ रही है, नहीं तो हम भी जात के अग्गरवाल बनिए हैं।

अजित : वाह, क्या बात है ! तुम नौकर कैसे हो सकते हो भला ? *(एकदम खड़े होकर)* आओ-आओ, कुरसी पर तशरीफ़ रखो।

बंसी : साब, मज़ाक तो करिए मत।

अजित : अच्छा जी, आप फ़िलहाल तो तशरीफ़ ले जा सकते हैं, ज़रूरत पड़ने पर हम बुलवा लेंगे। *(बंसी नमस्ते करके चला जाता है।)* ये नौकरी करने आए हैं या लाटसाहबी ?

जीजी : मैं तो कहती हूँ अब नौकरों का यही हाल होनेवाला है। नौकरों के पीछे भागने के बजाय हाथ से काम करना सीखो !

अजित : मैं तो खुद यही कहता हूँ शोभा से। *(शोभा उसे घूरती है।)*

जीजी : तुम यह कहते हो अजित ! शोभा तो फिर भी करती ही है बेचारी। तुम घर का कौन-सा काम करते हो ?

अजित : मैं—मैं—बहुत काम करता हूँ। यह घर ठीक से चलता रहे इसलिए नौकरी करता हूँ।

जीजी : अब केवल नौकरी करने से घर नहीं चलता, समझे। वे जमाने गए अजित, जब आदमी ने नौकरी कर ली और औरत ने घर का सारा काम कर लिया। अब जब औरत भी नौकरी करने लगी है तो मर्द को भी घर के काम में

हाथ बँटाना पड़ेगा, समझे ?

अजित : कौन कहता है औरत से कि नौकरी करे ? छोड़ दे नौकरी। अब उसकी नौकरी के पीछे यह तो होगा नहीं कि पति, बच्चे, घर सब बेचारे मारे-मारे फिरें।

शोभा : क्यों, बीच में और कोई रास्ता ही नहीं है जैसे ? विदेशों में इतनी औरतें काम करती हैं, वहाँ क्या सब मारे-मारे ही फिरते हैं।

अजित : ओफ़्फ़ोह ! विदेश की बात तुम अपने देश में तो किया मत करो।

शोभा : क्योंकि वह तुम्हें माफ़िक नहीं आती, इसलिए न ?

अजित : अब तुम घंटा भर बैठकर क़ानून बघारोगी *(घड़ी देखते हुए)* मैं तो चला। ग्यारह बज रहा है, ऑफ़िस भी तो पहुँचना है *(जाते हुए)* अच्छा टा–टा–। *(प्रस्थान)*

जीजी : शोभा, जितना भी होगा तुमको ही अपने को ढालना होगा। यह अजित तो न आज सुधरेगा, न कल। ख़ुद तो ख़ुद, अप्पी तक को उसने इतना बिगाड़ रखा है कि बस।

(जीजी भीतर चली जाती हैं। शोभा यों ही अनमनी-सी अलमारी पर रखे अप्पी के खिलौने को हिलाने-डुलाने लगती है। जयन्त का प्रवेश।)

जयन्त : यह क्या, अप्पी स्कूल जाती है तो तुम उसके खिलौनों से खेलती हो ?

शोभा : अरे, आ गए तुम ? *(हँसते हुए)* खिलौनों से अब क्या खेलूँगी !

जयन्त : हाँ, अब तो खिलाती हो।

शोभा : यह बताओ, रास्ते में क्या-क्या बातें हुई मीना से ?

जयन्त : कुछ नहीं, बस यों ही इधर-उधर की !

शोभा : मामला फिर पट सकता है क्या ? कहो तो कोशिश करूँ ?

जयन्त : इस मामले को तो छोड़ो तुम्हारे लिए ज़रूर एक मामला लाया हूँ, यदि पट जाए तो। यों है ज़रा मुश्किल।

शोभा : मैं तो पटी-पटाई हूँ बाबा, अब और किसी को नहीं पटाना।

जयन्त : मीना को छोड़कर कॉफ़ी हाउस में बैठ गया था। वहीं पर

साहनी साहब से मुलाक़ात हो गई। वे यहाँ के महिला विद्यालय के मन्त्री हैं, उन्हें एक प्रिंसिपल की ज़रूरत है, मुझसे बताने को कह रहे थे। मुझे एकाएक तुम्हारा ख़याल आ गया। कहो तो बात करूँ ?

शोभा : हाय राम ! मैं और प्रिंसिपल ? कॉलेज की लुटिया ही डूब जाएगी।

जयन्त : बस तुम्हारी यही आदत मुझे अच्छी नहीं लगती। ज़रा अपने ऊपर भरोसा रखना सीखो। तुम तो पढ़ाने का काम लेने में भी इसी तरह घबरा रही थी।

शोभा : चलो, तब मैं ज़रा भी न घबराई थी। पर प्रिंसिपल का काम मुझसे नहीं हो सकेगा। सच पूछो तो आजकल तो पढ़ाना भी भारी पड़ने लगा है।

जयन्त : सोच लो, बात तुम्हारे सामने रख दी। वैसे मैं यह भी सोचता हूँ कि ले लोगी तो कर भी डालोगी। ज़िम्मेदारी एक बार सिर पर आ जाती है तो आदमी रो-धोकर कर ही लेता है। *(ज़रा ठहरकर)* साहनी साहब मेरी बात टालेंगे नहीं, इसका मुझे विश्वास है। वरना कौन सिर्फ़ तीन साल के तजुर्बे पर प्रिंसिपल बनाता है ?

शोभा : *(सोचते हुए)* अच्छा, सोचकर बताऊँगी। इनसे भी ज़रा बात कर लूँ।

जयन्त : किससे, अजित से ? तब तो हो चुका। वह तो पूछते ही मना कर देगा।

शोभा : क्यों ?

जयन्त : बस देख लेना। तुमसे ज़्यादा उसे मैं जानता हूँ, इसलिए।

शोभा : नहीं, ऐसी बात तो नहीं है। कॉलेज के काम के लिए उन्होंने कोशिश नहीं की थी ?

जयन्त : हाँऽ—की थी। पर काम लेने के बाद वह ज़्यादा खुश नहीं है इस स्थिति से !

शोभा : उसके और कारण हैं।

जयन्त : बस तो इसके भी कारण निकल आएँगे, और ज़्यादा ठोस कारण। *(एकदम उठते हुए)* देख लेना तुम ! अच्छा, मैं चला अब !

(शोभा दरवाज़ा बन्द करके अन्दर जाती है। मंच पर धीरे-धीरे अन्धकार होता है। कुछ क्षण बाद जब फिर उजाला होता है तो कुछ वक़्त बीत चुका है। अब सन्ध्या के चार बजे हैं। रंगमंच खाली है। जीजी भीतर से प्रवेश करती हैं। अप्पी का बस्ता खुला पड़ा है, किताबें इधर-उधर बिखरी पड़ी हैं।)

जीजी : लो, ये किताबें यहाँ फैला गई है। अपनी चीज़ें सम्हालकर रखना तो इस लड़की को कभी नहीं आएगा। अभी शोभा आएगी और बिगड़ेगी *(सम्हालती है, इतने में घंटी बजती है)* लो, आ गई लगती है। *(अटैची वहीं पड़ी छोड़ देती हैं और जाकर दरवाज़ा खोलती हैं।)*

(शोभा का प्रवेश)

शोभा : यह क्या, फिर अप्पी ने अटैची यहीं छोड़ दी ?

जीजी : छोड़ दी ? सारी किताबें फैली पड़ी थीं। उधर आकर बोली—बुआजी, पेंटिंग हमने कर ली है, तैयार कर दीजिए, पार्क जाएँगे। यहाँ आकर देखा तो काग़ज़, पानी, रंग, ब्रुश, सब फैले पड़े हैं। इसे कभी अकल नहीं आएगी।

शोभा : गई वह पार्क ?

जीजी : हाँऽ ! बिट्टी, टोनी आए थे, उनके साथ चली गई।

शोभा : *(हँसी आ जाती है)* पाजी कहीं की ! दूध पिया या नहीं ?

जीजी : दूध पीने में वह कौन कम फ़ितूर मचाती है ? तुम्हारे लिए चाय ले आऊँ ?

शोभा : आप बैठिए जीजी, मैं ख़ुद बनाकर लाती हूँ।

जीजी : *(चिट्ठियाँ देते हुए)* तुम ये देखो, मैं लाई। पानी तो रखकर ही आई थी, खौलने ही वाला होगा।

(जाने लगती है फिर एकाएक जैसे कुछ याद आता है।)

तुम्हारा फ़ोन आया था, मीना का। कहा अजित जी ने इजाज़त दे दी है। अब गाना तैयार कर लेना और ठीक समय पर पहुँच जाना।

(जीजी जाती हैं। शोभा चिट्ठी पढ़ने लगती है। थोड़ी देर में जीजी चाय लेकर आती हैं। शोभा चाय बनाती है।)

जीजी : मीना तो मुझे बड़ी भली लगी। ग़लत या अनुचित काम करनेवाली तो लगी नहीं। जयन्त का ही दोष होगा सारी बात में।

शोभा : ऐसी बातों में किसी एक को दोषी ठहराना ज़रा मुश्किल होता है जीजी। फिर शुरू में तो जयन्त का दोष था भी। अपनी स्टैनो से उसके सम्बन्ध–

जीजी : मुझे भी किसी ऐसी ही बात का शक था। यों मैंने तुमसे कभी इस बारे में बात नहीं की, पर डर मुझे कुछ ऐसा ही था। अब तुम लोगों का दोस्त है सो...

शोभा : नहीं, ऐसी कोई बात नहीं है जीजी। कभी-कभी ज़िन्दगी में ऐसा हो जाता है। उसका भी कारण था। मीना कुछ ज़्यादा ही आर्यसमाजी क़िस्म की थी। जयन्त अंग्रेज़ी कम्पनी में काम करता था–दोनों की ज़िन्दगियों के ढर्रे कुछ अलग-अलग थे। इसी से शायद जयन्त थोड़ा भटक गया। वरना इतने दिनों से यहाँ भी आ रहा है, ऐसा तो कुछ–

जीजी : बुरा न मानो तो एक बात कहूँ। आई थी तो सुना था कि जयन्त अजित का जिगरी दोस्त है। पर इधर तो देखती हूँ अजित के पास तो वह कम ही बैठता है।

शोभा : *(ज़रा-सा तेज़ होकर)* जीजी, आप कहना क्या चाह रही हैं ? इनके पास कोई बैठे क्या ? इन्हें इधर दो साल से फ़ुर्सत भी मिलती है अपने ऑफ़िस से ? सारे समय ऑफ़िस में रहते हैं, घर आते हैं तो ऑफ़िस खोलकर बैठ जाते हैं। बरसों से जयन्त शाम को यहाँ आते हैं। पहले मीना भी आया करती थी, अब अकेले आते हैं। आप जितनी अनुभवी चाहे न होऊँ, पर थोड़ी परख आदमी की मुझे भी है।

जीजी : तुम नाराज़ मत होओ, शोभा ! मुझे जैसा लगा कह दिया। *(कुछ ठहरकर)* कभी-कभी आदमी अपना सुख खो बैठता है, तो चाहता है सारी दुनिया का सुख लूट ले। पर अपनी इस भावना को शायद वह भी नहीं जानता।

शोभा : दुनिया का क्या सुख लूटेंगे बेचारे ! यों ऊपर से सभी ठाठ

हैं, पर भीतर ही भीतर कितने दुखी और अकेले हैं। इसीलिए यहाँ आ जाते हैं...फिर मैं तो जब से आई हूँ तब से ही इन्होंने यह बात मेरे दिमाग़ में भर दी थी कि अजित-जयन्त एक ही हैं।

जीजी : *(कुछ रुककर)* आजकल अजित को शायद इसका आना-जाना ज़्यादा पसन्द नहीं। कुछ खिंचा-खिंचा ही रहता है इससे !

शोभा : इनकी आपने भली चलाई। ये तो आजकल सारी दुनिया से ही खिंचे-खिंचे रहते हैं। असल में ये अपनी नौकरी से बहुत परेशान हैं, तनख़्वाह के लालच में इस कम्पनी में काम ले तो लिया, पर लगा वहाँ इज़्ज़त तो कुछ है ही नहीं। तो सब पर खिजलाते फिरते हैं। एक बार इन्हें मन लायक़ काम मिल जाए, फिर आप देखिए, कैसे बदल जाते हैं। वरना जयन्त के बिना तो इनके गले से रोटी नहीं उतरती थी एक ज़माने में।

(अजित का प्रवेश। हाथ में टॉफ़ी का डिब्बा है।)

शोभा : अरे, आप अभी से आ गए ?

अजित : छह बजे किसी से मिलने जाना है, सोचा घर होकर ही जाऊँ। *(डिब्बा देते हुए)* लो यह। अप्पी तो चली गई होगी ?

शोभा : फिर आप यह ले आए ? वह दो दिन में चर कर रख देगी।

अजित : जीजी, आप इस शोभा से मना कर दो कि यह अपना मास्टरनीपन मेरी बिटिया पर न चलाया करे।

जीजी : ठीक ही तो कहती है। तूने उसको ऐसा सिर चढ़ा रखा है कि कहना तो वह किसी का सुनती ही नहीं।

अजित : कौन कहता है कि वह कहना नहीं सुनती ? आप लोग तो उसके पीछे हाथ धोकर पड़ी रहती हैं। लाओ, दो डिब्बा *(अलमारी के ऊपर रखते हुए)* देखिए, यहाँ रखता हूँ, और गिनकर रोज़ दो सवेरे और दो शाम को दिया करूँगा। अच्छा, गरम चाय पिलवाओ।

जीजी : *(चाय के बरतन समेटते हुए)* अभी लाई।

शोभा : आप बैठिए, अब तो मुझे लाने दीजिए।

(बरतन लेकर भीतर जाती है। जीजी भी पीछे-पीछे जाती हैं। अजित कोट और जूते उतारकर सोफ़े पर ही लेट-सा जाता है। एक सिगरेट निकालकर सुलगाता है कि फ़ोन की घंटी बजती है। ज़रा झुँझलाकर उठता है।)

अजित : कौन है ! *(फ़ोन उठाता है)* हलोऽ—शोभाजी ? *(एक क्षण सोचकर)* जी, मेहरबानी करके आधा घंटा बाद फ़ोन कर लीजिए।

(फ़ोन रखता है कि शोभा का प्रवेश।)

शोभा : किसका टेलीफ़ोन था ?

अजित : *(लापरवाही से)* पता नहीं, तुम्हें पूछ रहा था कोई। कह दिया आध घंटे बाद कर लेना।

शोभा : कमाल करते हैं आप भी ! मैं यहीं तो थी। कौन था कम-से-कम नाम तो पूछ लेते।

अजित : क्यों भन्ना रही हो ? आधा घंटे बाद कर लेगा। तुम तो चाय पिलाओ गरम-गरम।

शोभा : मैं इस तरह तुम्हारा फ़ोन रख दूँ तो।

अजित : आजकल तुम बात-बात में मेरी बराबरी करने में क्यों लगी हो ? कह तो दिया कि कर लेगा आध घंटे बाद।

(शोभा चुपचाप चाय बनाती है।)

अजित : आज अप्पी के लिए नाच सीखने की व्यवस्था कर दी है। घर आकर ही सिखा देंगे सप्ताह में दो दिन।

शोभा : क्या लेंगे ?

अजित : चालीस रुपए *(कुछ ठहरकर)* तुमने गाना तैयार कर लिया ? नहीं किया हो तो कर लो। मीना यह न कहे कि आकर घास काट गई शोभा।

शोभा : रात को करूँगी। पर आप कल अपनी शाम ख़ाली रख सकेंगे या नहीं ? आप नहीं चलेंगे तो मैं भी नहीं गाऊँगी।

अजित : एकदम ख़ाली। अरे, मैं पहली पंक्ति में बैठकर तुम्हारा गाना सुनूँगा, समझीं।

(शोभा को हँसी आ जाती है।)

शोभा : *(चाय पीते-पीते)* एक बात पूछूँ ?

अजित : एक क्यों, सैकड़ों बातें पूछो। एक घंटे तक जो मर्ज़ी आए पूछो !

शोभा : एक प्रस्ताव आया है मेरे पास।

अजित : प्रस्ताव ? कैसा प्रस्ताव, किसका प्रस्ताव ?

शोभा : यहाँ के महिला विद्यालय में प्रिंसिपल की जगह ख़ाली है। तुम कहो तो अर्ज़ी दे दूँ।

अजित : पर प्रस्ताव आया कहाँ से ?

शोभा : बस समझ लो, आ गया। तुम कहो तो अर्ज़ी दे दूँ ?

अजित : *(समझते हुए)* प्रस्ताव अपने आप तो चलकर आया नहीं होगा। तुम चाहे न बताओ, पर मैं जानता हूँ कि जयन्त के सिवा और कोई ला नहीं सकता।

शोभा : हाँ, जयन्त ही लाए हैं, पर उससे क्या फ़र्क पड़ता है ?

अजित : *(स्वर एकाएक ही बदल जाता है)* मुझसे क्या पूछती हो ? जो तुम्हारी समझ में आए करो। न हो तो जयन्त से सलाह ले लो।

शोभा : *(गरम होकर)* क्या मतलब ?

अजित : मतलब क्या, कुछ नहीं। वह प्रस्ताव लाया है, उसे मालूम होगा कि यह प्रस्ताव तुम्हारे लायक़ है या नहीं। या कि तुम काम के लायक़ हो या नहीं।

शोभा : मैं तुमसे पूछ रही हूँ, तुम क्या चाहते हो ?

अजित : आदमी को उतना ही बढ़ना चाहिए, जितनी उसकी औक़ात हो।

शोभा : यदि मैं सोचती हूँ कि सम्हाल लूँगी तब तो आपको कोई आपत्ति नहीं है न ?

अजित : *(कुछ देर चुप रहकर)* देखता हूँ, पिछले कुछ दिनों से तुम्हें अपने को लेकर काफ़ी भ्रम हो चला है। कॉलेज में पढ़ाना और कॉलेज चलाना दो अलग-अलग बातें हैं, समझीं ? फिर महिला विद्यालय अच्छा कॉलेज है। यह जयन्त है कि झूठ-मूठ तुम्हें आसमान पर चढ़ाने की कोशिश करता रहता है।

शोभा : और तुम हो कि मुझे रात-दिन धरती पर घसीटने की कोशिश करते रहते हो ! मैं पूछती हूँ आख़िर क्यों ?

अजित : *(उत्तेजित होकर)* इसलिए कि मैं तुमसे ज़्यादा तुमको, तुम्हारी योग्यता और तुम्हारी सीमाओं को समझता हूँ। एक घर तो तुम ठीक तरह से चला नहीं सकतीं, कॉलेज चला लोगी !

शोभा : तो तुम चाहते हो मैं अर्ज़ी नहीं दूँ ?

अजित : चाहने की बात क्या है, मैं ऐसा सोचता हूँ।

शोभा : मुझे तो पहले से ही मालूम था कि तुम मना करोगे।

अजित : पहले से ही मालूम था तो फिर पूछा क्यों ?

शोभा : इसलिए कि एक बार तुम्हारे ही मुँह से सुनना चाहती थी। मैं कुछ कहती नहीं, इसका यह मतलब नहीं कि मैं तुम्हें समझती नहीं। तुम्हारी हर बात, हर मनोभाव खूब अच्छी तरह समझती हूँ। मैं अर्जी दूँगी, और यह काम मुझे मिल गया तो दिखा भी दूँगी कि तुम जितना अयोग्य मुझे समझते हो, उतनी मैं हूँ नहीं।

अजित : *(आवाज को संयत करके)* तुमने बेकार ही यह बात चलाई शोभा ! जब तुम अपने बारे में, अपनी योग्यता के बारे में, इतनी आश्वस्त हो तब बेकार ही मुझे बीच में घसीटा। ऐसी हालत में तो न मुझे पूछने की ज़रूरत थी, न मेरी राय लेने की।

(शोभा चुपचाप चाय के बरतन उठाकर अन्दर चली जाती है। अजित एक नई सिगरेट सुलगाकर सोफ़े पर लेट-सा जाता है। सिगरेट का धुआँ उसके चारों ओर छाने लगता है। धीरे-धीरे अन्धकार हो जाता है।)

दूसरा दृश्य

(दूसरे दिन सन्ध्या के पाँच बजे। ड्राइंग-रूम ख़ाली पड़ा है। जिस अलमारी पर टॉफ़ी का डिब्बा रखा था, उसके नीचे मेज रखी है, उसके ऊपर एक छोटी कुर्सी; डिब्बा ग़ायब है। भीतर से शोभा तैयार होकर आती है; आते ही नज़र मेज़-कुर्सी पर पड़ती है। एक क्षण देखती रहती है। फिर हँसने लगती है।)

शोभा : जीजी—जीजी—

(जीजी का प्रवेश)

शोभा : देखिए जीजी, हो गया डिब्बा ग़ायब ? *(जीजी को हँसी आ जाती है)* बड़े कह रहे थे कि अपना मास्टरनीपन मत लगाया करो। देख लिया आपने ?

जीजी : लगता है आज इधर के दरवाज़े से ही निकल गई है ! शैतान कहीं की !

(शोभा उठकर मेज़-कुर्सी ठीक करती है। हँसती रहती

है। फिर फ़ोन करती है।)

शोभा : हलोऽ—जी, मैं मिसेज़ अजित बोल रही हूँ।—नहीं आए ? *(गुस्से से फ़ोन रख देती है)* देखिए जीजी, अभी तक इनका पता नहीं है।

जीजी : शायद आता ही हो।

शोभा : ख़ाक आते होंगे ! ऑफिस में हैं ही नहीं। कितनी बार तो फ़ोन कर लिया। वे तो बारह बजे से ही गए हुए हैं बाहर।

जीजी : साढ़े पाँच बजे तक राह देख लो, आ जाए तो ठीक है, वरना तुम अकेली चली जाना।

शोभा : सो तो जाना ही होगा। पर ये आए क्यों नहीं ? मैंने तो पहले ही मीना को मना कर दिया था। मैं क्या जानती नहीं कि इन्हें यह सब पसन्द नहीं है। तब क्यों कहा मीना से कि आ जाएगी ?

जीजी : शोभा, इतना नाराज़ नहीं होते। तुम तो जानती ही हो आजकल उसे ऑफ़िस के काम के मारे साँस लेने तक की फ़ुर्सत नहीं रहती। ज़रूर कहीं फँस गया होगा।

शोभा : कहीं नहीं फँसे ! मुझसे नाराज़ हैं। यह नाराज़ी दिखाने का ढंग है। जहाँ अपनी इच्छा से कोई काम किया कि इनका मुँह फूला।

जीजी : *(समझाते हुए)* शोभा, इस तरह का आरोप लगाते हुए एक बार तो ज़रा सोचो। आख़िर आज तुम जो कुछ हो वह अजित की बनाई ही तो हो। तुम्हारे मन में कोई 'अपनी इच्छा' जागे इस लायक़ भी तो तुम्हें अजित ने ही बनाया है, यह मत भूलो।

(फ़ोन की घंटी बजती है। शोभा एकदम दौड़कर फ़ोन लेती है।)

शोभा : हलोऽ।—ओह, तुम हो मीना !—मैं क्या करूँ, मैं बैठी इनकी राह देख रही हूँ। इनका कहीं पता ही नहीं। ऐं—अच्छा, तो मैं अकेली ही आती हूँ। *(जीजी से)* मैं जा रही हूँ, जीजी। ये भी आ जाएँ तो आप इन्हें वहीं भेज दीजिए।

जीजी : हाँ-हाँ, ज़रूर भेज दूँगी !

शोभा : अप्पी लौटकर आए तो उससे डिब्बा ले लीजिए और खाना खिलाकर सुला दीजिए।

जीजी : तुम जाओ, मैं सब कर दूँगी।

(शोभा का प्रस्थान। जीजी भीतर जाती हैं। रंगमंच पर धीरे-धीरे अँधेरा होता है। फिर घंटी बजती है। जीजी भीतर से आकर बत्ती जलाती हैं, दरवाज़ा खोलती हैं। अजित का प्रवेश।)

जीजी : अब आ रहे हो तुम ! कुछ होश भी रहता है तुम्हें अजित ?

(अजित थका हुआ-सा सोफ़े पर बैठ जाता है।)

अजित : क्या करूँ जीजी, आज तो ऐसा फँस गया कि बस ! शोभा क्या अप्पी को सुला रही है ?

जीजी : *(आश्चर्य से)* अजित ! तुम्हें क्या कुछ भी याद नहीं रहता ? शोभा का आज गाने का कार्यक्रम था कि नहीं, तुम तो आए नहीं, कितना नाराज़ होकर गई है वह !

अजित : ओ गॉड ! मैं तो बिलकुल ही भूल गया। *(एकदम घड़ी की ओर देखकर)* अब तो कार्यक्रम ख़त्म होनेवाला होगा। तू-तू...

जीजी : तुम आख़िर गए किधर थे ? चार बार तो उसने फ़ोन किया होगा !

अजित : *(अजित सिर पकड़ लेता है)* क्या बताऊँ जीजी ? मैं तो बिलकुल भूल ही गया। जैसे ही दफ़्तर पहुँचा जनरल मैनेजर का फ़ोन मिला कि जर्मन कम्पनी के डाइरेक्टर से मिल लूँ। लंच उन्हीं के साथ लूँ और सारी बातचीत भी कर लूँ। उन लोगों के साथ मिलकर हमारी कम्पनी एक नई मिल बिठाना चाह रही है, उसी सिलसिले में। बिना किसी तैयारी के बातचीत करना--मैं तो एकदम ही घबरा गया। काग़ज़-कूगज बटोरने में ऐसा लगा कि बाकी बातें दिमाग़ से एकदम साफ हो गईं। लंच के बाद से उन लोगों के साथ ही था। बस वहीं से आ रहा हूँ।

जीजी : कम-से-कम तुम फ़ोन ही कर देते और यह सब उसे समझा देते तो इतनी नाराज़ तो नहीं होती। न इतनी ऊटपटाँग बातें ही सोचती। तुम जानते ही हो कि आजकल—

अजित : *(जरा चौंककर)* आजकल—आजकल क्या ?

जीजी : *(स्नेहपूर्ण स्वर में)* तुम्हें थोड़ी समझदारी से काम लेना चाहिए अजित ! थोड़ा शोभा की भावनाओं का ख़याल रखना चाहिए, वरना फिर उसके दिमाग़ में—

अजित : क्या बात है जीजी, क्या कहा शोभा ने ?

जीजी : ऐसी कोई ख़ास बात नहीं, पर एक बात उसके दिमाग़ में घर करती जा रही है कि तुम्हें उसका घूमना-फिरना, पढ़ाना, गाना यह सब पसन्द नहीं है। और तुम इस सब में किसी न किसी बहाने से रुकावट डालते हो।

अजित : *(एकदम हल्का होकर हँस पड़ता है)* अरे जीजी, शोभा तो पगली है। फिर हर बात में मुझसे लड़ना तो उसने अपना स्वभाव बना लिया है। मैं उससे यह भी कहूँ कि आज हवा बहुत ठंडी है तो वह छूटते ही कहेगी 'मैं जानती हूँ कि आपको मेरा काम करना पसन्द नहीं है।' यह सब मैंने ही तो उसे सिखाया है, वरना बरेली की दसवीं पास लड़की—साड़ी पहनना तो आता नहीं था उसे। मुझे पसन्द न होता तो मैं पढ़ाता-लिखाता ही क्यों ? शोभा को मैं खूब अच्छी तरह जानता हूँ, खूब अच्छी तरह। अरे, वह है ही 'अजित मेड'। अपनी बनाई चीज़ को भी नहीं पहचानूँगा भला।

जीजी : बस यहीं तुम भूल करते हो अजित। कभी वह ज़रूर बरेली की दसवीं पास लड़की थी, जिसे साड़ी बाँधना नहीं आता था। पर आज तो नहीं है। आज उसका अपना अलग व्यक्तित्व है। उसमें प्रतिभा है, और इस बात को अब वह भी खूब अच्छी तरह जानती है !

अजित : तो उससे क्या हुआ ?

जीजी : हुआ ख़ाक ! तुम्हारा उसके प्रति आज भी वही व्यवहार है जो दस साल पहले था—पर अब वह चलेगा नहीं।

अजित : कैसी बातें करती हैं जीजी आप भी ! व्यवहार तो मेरा वही रहेगा, चाहे वह मास्टरनी हो जाए, चाहे लाट साहब ! आप क्या चाहती हैं मैं सबेरे-शाम उसकी आरती उतारा करूँ ?

जीजी : अब जब तुम कुछ समझना ही नहीं चाहते हो तो बात

करना ही बेकार है।

अजित : क्या समझाना चाहती हैं आप, समझाइए न ?

जीजी : देखो अजित, पढ़ी-लिखी मैं चाहे बहुत नहीं हूँ, पर उम्र में तुमसे दस साल बड़ी हूँ। दुनिया देखी है...और आदमी परखने की नज़र भी मेरी तुमसे कहीं ज़्यादा है।

अजित : *(खीझकर)* आप कुछ बताएँगी भी या बस उपदेश ही झाड़े जाएँगी। मैं कब कहता हूँ कि आप बड़ी नहीं हैं !

जीजी : *(कुछ सोचते हुए)* बता सकते हो—तुम्हारी और पिताजी की हमेशा लड़ाई क्यों रही ?

अजित : बहुत साफ़ बात है। वे चाहते थे मैं उनकी दुकान का काम सम्हालूँ, क्योंकि नौकरी करना उन्हें ऐसा लगता था जैसे कुलीगिरी करना हो। अब आप ही बताइए, एम.ए., एल.एल.बी. करके मैं कपड़े की दुकान सम्हालता? ऐसा ही था तो पढ़ाते नहीं, शुरू से दुकान ही करवाते।

जीजी : यही बात मैं भी कभी उन्हें समझाया करती थी तो वे कहते थे, "कृष्णा, आख़िर मैंने ही तो उसे पढ़ाया-लिखाया है, और अब वह मेरी ही बात नहीं मानता।"

अजित : *(बात बीच में ही काटकर)* कहाँ की बात आप कहाँ खींच लाईं जीजी ? वह दो पीढ़ियों का झगड़ा था जो हमेशा रहा है और हमेशा रहेगा। यहाँ तो ऐसी कोई बात नहीं है।

जीजी : *(सोचते हुए)* है अजित, है। यह शायद बनानेवाले और बननेवाले का संघर्ष है, जो दो पीढ़ियों के बीच भी हो सकता है और एक ही पीढ़ी के दो व्यक्तियों के बीच भी।

अजित : जीजी, देख रहा हूँ आप तो बड़ी ऊँची-ऊँची बातें करने लगी हैं। पर मेरे और शोभा के बीच ऐसी कोई बात नहीं है। मैं उसे अच्छी तरह समझता हूँ।

जीजी : मैं तो ख़ुद यही चाहती हूँ कि समझ सको, समझो। *(कुछ ठहरकर)* जयन्त के बारे में तुम्हारा क्या ख़याल है।

अजित : *(चौंककर)* क्यों, क्या बात हुई ?

जीजी : बात कुछ नहीं, कल मीना को देखकर लगा कि उनके अलगाव में दोष जयन्त का ही रहा होगा। केवल सुन-सुनकर ही मैंने तो मीना के बारे में बड़ी ग़लत धारणा

बना ली थी। कल उसे कुल दस मिनट के लिए ही देखा पर समझ लिया कि—

अजित : *(बीच ही में)* हाँ, ग़लती तो जयन्त की ही थी। पर जब वह स्टैनो शादी करके चली गई तो मीना को भी थोड़ा नरम पड़ जाना चाहिए था। लेकिन उसने तो इसे आत्म-सम्मान का प्रश्न बना लिया।

जीजी : मैं मीना को दोष नहीं देती। कोई भी आत्म-सम्मान वाली औरत बिना बहुत बड़ी मजबूरी के ऐसी हालत में रहना पसन्द नहीं करेगी।

अजित : देख रहा हूँ जीजी, आप तो काफ़ी नए ज़माने की होती जा रही हैं।

जीजी : ले, इसमें नए ज़माने की क्या बात हुई ? पति-पत्नी के बीच में जब भी कोई तीसरा आदमी आता है, यही नतीजा होता है।

अजित : सब जगह ऐसा कहाँ होता है ? आदमी चाहे न सहे, औरत तो रो-धोकर सह ही लेती है।

जीजी : कहा न, हो सकता है किसी बहुत बड़ी मजबूरी में वह घर छोड़कर न जाए, पर एक छत के नीचे रहना ही तो साथ रहना नहीं होता। मन तो उनके अलग हो ही जाते हैं। बीच वाला व्यक्ति चाहे हट जाए, पर सम्बन्धों में जो दरार पड़ जाती है वह कभी नहीं भरती।

अजित : बाद में तो जयन्त को भी कुछ दिनों तक अफ़सोस होता रहा, पर उस समय तो आपस में कड़वाहट इतनी बढ़ गई थी कि अलग हो जाना ही अच्छा हुआ।

जीजी : *(उठते हुए) भगवान अब भी उसे सद्बुद्धि दें। अपने अनुभवों से कुछ तो सीख ले।* (प्रसंग बदलकर) तुम खाना अभी खाओगे या शोभा के साथ ही।

अजित : शोभा को आ ही जाने दीजिए, साथ ही खा लेंगे।

जीजी : कम-से-कम आज तो उसके साथ ही खाओ। इसी बहाने उसका गुस्सा कुछ तो कम होगा।

अजित : शोभा की सारी शिकायतें दूर कर दूँगा। आने तो दीजिए आप उसे। पाँच मिनट में उसका गुस्सा दूर करता हूँ।

आज उस जर्मन को ऐसे रोब में कर लिया था कि बस। मैं तो इस चक्कर में हूँ कि किसी तरह वे लोग अपने यहाँ कोई काम दे दें। इस खिचखिच से छुट्टी मिले तो फिर आप देखिए ठाठ अपने अजित के...

जीजी : *(हल्के से हँसकर)* अच्छा तो मैं चलकर खा लूँ।

(जीजी उठकर भीतर जाती हैं। अजित एक सिगरेट निकालकर सुलगाता है, एक कश खींचकर गद्दी को तकिए की तरह रखकर पैर फैलाकर सोफे पर ही सोता है। किसी चीज़ के चुभने से उछलकर बैठ जाता है। पीछे से अप्पी की प्लास्टिक की गुड़िया निकल आती है।)

अजित : *(गुड़िया को हाथ में लेकर)* अरे वाह, तो आप हैं ! क्या ख़ूब ! तुम्हारी अप्पी ममी आज तुमको यहीं छोड़कर सो गई, क्यों ? चलो, तुम्हें भी तुम्हारी ममी के पास लिटा दें।

(अजित भीतर जाता है। दो मिनट बाद ही जयन्त और शोभा का प्रवेश। जयन्त के कन्धे पर कैमरा लटका हुआ है।)

जयन्त : आज तो तुमने कमाल कर दिया शोभा ! लगता है मिजाज़ बिगड़ा रहे तो ज़्यादा अच्छा गाया जाता है। *(कैमरा उतारकर ठीक करते हुए)* अच्छा चलो, इसी बात पर तुम्हारी एक तस्वीर हो जाए। वहाँ वह तबलची तुम्हें काट देता था। *(आवाज़ देता हुआ)* अरे अजित ! बाहर निकलो यार। ज़रा अपनी बीवी को बधाई तो दो।

शोभा : देखती हूँ जाकर...पता नहीं, ये आए भी या नहीं।

जयन्त : हँ-हँ-हँ—ठहरो, ठहरो ज़रा। *(ठहर जाती है।)* हाँ, बस ऐसे ही। *(अजित का प्रवेश। फ़ोटो उतारते देखकर वहीं रुक जाता है।)* एक-दो-तीन धन्यवाद *(अजित से)* यार, तुम अफ़सरी करते हो या क्लर्की ? जब देखो तब ऑफ़िस में !

अजित : *(उसका मिजाज़ बिगड़ जाता है)* हाँ, अब तो मुझे भी लगता है कि क्लर्की ही करता हूँ।

जयन्त : जो भी हो, तुम्हारी वजह से शोभा का जो मिजाज़ बिगड़ा तो गाना ऐसा जमा कि जवाब नहीं। ऐसे कार्यक्रम में तुम मिजाज़ बिगाड़कर ही भेजा करो। कल अख़बारों में तारीफ़

पढ़ना और बैठकर कुढ़ना।

अजित : हाँऽ—अब तो पछताना और कुढ़ना ही बाक़ी रह गया है अपनी ज़िन्दगी में।

(हाथ की सिगरेट को बिना बुझाए ही राखदानी में डालने के बजाय झटककर एक ओर फेंक देता है।)

जयन्त : यार, वह सिगरेट बुझी नहीं है, जल रही है, कहीं आग-वाग न लग जाए। *(अजित पैर बढ़ाकर सिगरेट को रगड़ देता है; जयन्त उठता है।)* अच्छा तो मैं चला। तेरी बीवी को घर तक छोड़ने की जिम्मेवारी मीना ने मुझे दी थी, सम्हाल लेना।

(हाथ हिलाता हुआ चला जाता है। शोभा पीछे जाकर दरवाज़ा बन्द कर देती है। घूमते ही अजित से सामना होता है पर उधर ध्यान दिए बिना ही भीतर जाने लगती है।)

अजित : *(व्यंग्य से)* तो बहुत शानदार रहा तुम्हारा गाना !

शोभा : *(बिना मुड़े ज़रा-सा ठहरकर)* आपको क्या मतलब ? जैसा हुआ, हो गया।

अजित : बड़ा गुस्सा आ रहा है ?

शोभा : गुस्सा ? *(एकदम पलटकर)* गुस्सा नहीं आएगा ? क्या कहा था आपने ?

अजित : घर में घुसीं तब तो गुस्से का नामोनिशान तक नहीं था चेहरे पर। मुझे देखते ही शायद गुस्सा ओढ़ना पड़ रहा है, क्यों ? *(शोभा बड़े गुस्से से उसे देखती है, मानो समझ नहीं पा रही हो कि क्या कहे। अजित उधर ध्यान दिए बिना उसी तरह कहता रहता है)* वहाँ की प्रशंसा और वाहवाही में गुस्सा कहाँ टिकता बेचारा—

शोभा : *(चीखते हुए)* अजित ! जब पूरी तरह होश में आ जाओ तब बात करना, समझे !

(तेज़ी से बाहर चली जाती है।)

अजित : सच बात इतनी ही तल्ख़ होती है। सहना बड़ा मुश्किल होता है।

(सिगरेट पीता रहता है। धीरे-धीरे अन्धकार होता है। पर्दा गिरता है।)

द्वितीय-अंक

पहला दृश्य

(कुछ दिनों बाद अजित का वही ड्राइंग-रूम। समय सन्ध्या के छह बजे। शोभा कॉलेज के क्लर्क के साथ बैठी हुई बातें कर रही है। वह काग़ज़ लिये हुए कुछ लिख रहा है। शोभा के सामने एक डायरी खुली हुई रखी है।)

शोभा : तो आपने सब लिख लिया, मिस्टर चौधरी ?

क्लर्क : आप कहें तो एक बार फिर से पढ़कर सुना दूँ ?

शोभा : नहीं-नहीं, उसकी क्या ज़रूरत है ? ऑर्डर आप इंडिया वुड क्राफ़्ट वाले को ही दीजिए। उससे कहिए किसी भी दिन सबेरे दस और ग्यारह के बीच आकर मुझसे डिज़ाइन पास करवा ले।

(अजित का प्रवेश। दोनों को देखता है, ज़रा-से तेवर चढ़ जाते हैं। बिना कुछ बोले भीतर जाने लगता है।)

क्लर्क : छुट्टियों में पंखों पर भी रंग करवाना होगा। आठ पंखे नए

खरीदने होंगे और एक पानी का कूलर और—

शोभा : इस मीटिंग में इन चीज़ों की मंजूरी लेनी ही है। और भी कुछ हो आप बता दीजिए। मीटिंग के पहले मुझे पूरी सूची एक साथ तैयार करके दीजिए।

क्लर्क : *(उठते हुए)* अच्छा, तो इस समय मैं तो चलूँ ?

(नमस्कार करके जाता है। शोभा मेज़ पर फैले काग़ज़ आदि समेटती है। अजित का भीतर से प्रवेश।)

अजित : शोभा, कॉलेज के लोगों को तुम कॉलेज में ही बुलाया करो ! घर में बैठने को यही तो एक ठीक-ठाक कमरा है। सोने का कमरा तो तुम जानती हो, इतना गरम हो जाता है कि बैठना मुश्किल होता है। इस कमरे में आजकल जब देखो तुम अपना ऑफ़िस खोले बैठी रहती हो, आख़िर—

शोभा : मैं ख़ुद नहीं चाहती कि कॉलेज के लोगों को यहाँ बुलाऊँ। पर साल खत्म हो रहा है, काम इतना रहता है और इतने आने-जाने वाले रहते हैं कि शान्ति से बात नहीं हो सकती। इसलिए ज़रा-सी देर के लिए घर बुला लिया था।

अजित : अभी साल खत्म हो रहा है, फिर नतीज़ा निकलेगा तो लोग घर चक्कर लगाएँगे, फिर दाखिले के लिए, फिर फ़ीस माफ़ कराने के लिए—फिर कुछ और निकल आएगा। मुझे तो आजकल लगता है जैसे मैं घर में नहीं, तुम्हारे ऑफ़िस में रहने लगा हूँ। (अजित बीच की मेज़ से अपनी डायरी उठाकर खोलता है) कितनी बार मैंने अप्पी से कहा है कि मेरी डायरी में ये सब कीड़े-मकोड़े न बनाया करे। कम-से-कम तुम उसे तो कुछ सिखा ही सकती हो। वह बेचारी तो आजकल भगवान भरोसे ही पल रही है। दुनिया-भर के बच्चों को पढ़ाया और—

शोभा : *(बीच में ही बात काटकर)* ताने मारने में आपको कोई विशेष आनन्द आता हो तो ठीक है, लेकिन इतना जान लीजिए कि मेरी सहनशक्ति की भी एक सीमा है।

अजित : मैं और ताने...मेरी इतनी जुर्रत कहाँ कि महिला विद्यालय की प्रिंसिपल साहब को ताने मारूँ ? मैंने तो सीधी-सी बात कही थी।

शोभा : जैसी सीधी बातें आप पिछले कुछ महीनों से कर रहे हैं, क्या मैं समझती नहीं ? मैं जानती हूँ कि मेरा प्रिंसिपल का काम लेना आपको भाया नहीं। पर एक बार तो आपने मुझे समझाने की कोशिश की होती कि क्यों आप इस काम के ख़िलाफ़ हैं।

अजित : तुम्हें भी अपना कोई ज़रूरी काम करना होगा, मुझे भी कुछ करना है। बेहतर होगा हम इन सब फ़ालतू बातों में अपना समय ज़ाया न करें।

शोभा : यदि सचमुच ही ये सारी बातें फ़ालतू होतीं तो न तो आप यों अपना सन्तुलन खो बैठते, न मैं ही इन्हें इतना तूल देती। आप मुझे बताते क्यों नहीं कि मैंने एक अच्छी नौकरी लेकर आख़िर ऐसा क्या गुनाह कर दिया है ? मान लीजिए, आज आपको एकाएक ऐसी जगह मिल जाए, जिस तक पहुँचने के लिए वैसे आपको शायद दस साल लगें, तो आप नहीं ले लेंगे ? लेकर प्रसन्न नहीं होंगे ? अपने को उसके लायक सिद्ध करने के लिए जी-जान नहीं जुटा देंगे ?

अजित : *(सीधी नज़रों से शोभा को देखता है, फिर बड़े ही संयत और आवेशहीन स्वर में)* ज़रूर जुटा दूँगा ! पर शोभा, मेरी बात थोड़ी-सी भिन्न है। एक तो मैं अपने काम से यों ही बेहद असन्तुष्ट हूँ, इसलिए मुझे कोई मौक़ा मिलेगा तो ज़रूर ले लूँगा। फिर भी यदि उस काम के लिए मुझे अपने घर, अपनी बीवी और बच्ची की क़ीमत चुकानी पड़े तो शायद दस बार सोचूँगा। क्योंकि मैं किसी अच्छी नौकरी की कामना केवल इसीलिए करता हूँ कि तुम लोगों को और अधिक आराम से रख सकूँ।

शोभा : तो तुम क्या समझते हो कि मैं तुम लोगों की क़ीमत पर यह काम कर रही हूँ ?

अजित : मुझे तो ऐसा ही लगता है।

शोभा : कारण ?

अजित : कारण भी मुझे ही बताना होगा ? तो सुनो। *(स्वर में हल्का-सा आवेश आ जाता है।)* मैं चाहता हूँ मेरा घर-घर

हो–कोई ऑफ़िस या होटल नहीं। थका-माँदा मैं ऑफ़िस से लौटकर आऊँ तो मेरी भी इच्छा होगी कि मेरी पत्नी–*(बात बीच में ही छोड़ देता है)* पर यहाँ तो जब भी आओ यही सुनने को मिलता है, अभी वे मीटिंग में गई हैं, या कि इतने ज़रूरी काम में हैं कि उन्हें बात तक करने की फ़ुर्सत नहीं है।

शोभा : *(गुस्सा बढ़ता जाता है, फिर भी अपने को भरसक संयत करके)* और कुछ ?

अजित : और ? और मैं चाहता हूँ कि मेरी बच्ची की परवरिश अच्छी तरह हो। देख रहा हूँ धीरे-धीरे उसका तो सारा ही भार जीजी पर चला गया। जीजी उसे अच्छी तरह देखती हैं, पर क्या सोचती होंगी वे भी मन में ? उसके प्रति क्या कोई भी फ़र्ज़ नहीं है तुम्हारा ? एक बच्ची है, पर तुम्हें उसके लिए भी फ़ुर्सत नहीं। बड़े-बड़े काम हैं तुम्हारे सामने करने को, तुम नहीं करोगी तो देश रसातल को नहीं चला जाएगा ?

शोभा : *(बहुत ही शान्त स्वर में)* एक बात पूछूँ ? आपको घर का इतना ख़याल है, जीजी का ख़याल है, अपना और अप्पी का ख़याल है, पर कभी मेरा भी ख़याल किया है आपने ? कभी मेरी भावनाओं को भी समझने की कोशिश की है ? मेरी अपनी भी कुछ आकांक्षाएँ हैं, अपने जीवन का कोई स्वप्न है। इस घर की चहारदीवारी के परे भी मेरा अपना कोई अस्तित्व है, व्यक्तित्व है, और मैं चाहती हूँ कि–*(गुस्से में होंठ काट लेती है।)*

अजित : सच बात ऐसी ही तल्ख़ होती है कि आदमी तिलमिला जाता है।

शोभा : फिर यह सच बात है भी नहीं। मैं खुद जानती हूँ कि जब घर बसाया है, बच्ची को जन्म दिया है तो मेरा पहला कर्त्तव्य उनके प्रति ही है। पर अपने इस कर्त्तव्य को भी भरसक पूरा ही करती हूँ। आजकल दो-दो नौकर हैं–सभी काम बड़े व्यवस्थित ढंग से चल रहे हैं। अप्पी को मैं ख़ुद दो घंटे रोज़ लेकर बैठती हूँ, उसका पढ़ना, उसका खाना,

उसका नाच सभी तो देखती हूँ। और जहाँ तक आपका प्रश्न है—

अजित : *(बीच में ही बात काटकर)* मेरा ? मेरी बात तो तुम छोड़ ही दो। ऑफ़िस से आया तो देखा यहाँ तुम्हारा ऑफ़िस खुला हुआ है। भीतर जाकर देखा एक नौकर अप्पी को लेकर पार्क गया है तो दूसरा सामान ख़रीदने। जीजी नहा रही हैं। एक प्याला चाय तक की कोई व्यवस्था नहीं। बैठकर नौकर का इन्तज़ार करो—मानो यह घर नहीं होटल है।

(हाथ की सिगरेट मसलकर राखदानी में डाल देता है और कोट कन्धे पर डालकर एकदम बाहर निकलने लगता है।)

शोभा : बाहर कहाँ चले ? मैं चाय ला रही हूँ।

अजित : बाहर ही कहीं पी लूँगा ! *(चला जाता है।)*

(शोभा कुछ देर तक बड़े व्यथित भाव से देखती रहती है, फिर हथेली में सिर टिकाकर आँखें मूँद लेती है।)

(जयन्त का प्रवेश।)

जयन्त : शोभा !

(शोभा चौंककर ऊपर देखती है। उसकी आँखों में आँसू हैं।)

जयन्त : यह क्या, तुम रो रही हो ?

शोभा : नहीं, यों ही ज़रा !

जयन्त : बात क्या है ? अजित क्या ऑफ़िस से आ गया ?

शोभा : आए थे, फिर चले गए !

जयन्त : कहाँ ?—क्या किसी काम से गया है ?

शोभा : नहीं, नाराज़ होकर !

जयन्त : क्यों, क्या बात हुई ?

शोभा : जयन्त, तुम साहनी साहब से कह दो कि वे जुलाई से किसी और प्रिंसिपल का इन्तज़ाम कर लें। मेरे लिए यह काम करना सम्भव नहीं होगा।

जयन्त : क्यों पागलों-जैसी बातें कर रही हो ? बताती क्यों नहीं क्या बात हुई है ?

शोभा : *(कुछ ठहरकर)* तुम तो जानते ही हो, ये शुरू से ही मेरे इस काम के ख़िलाफ़ थे। मैंने एक तरह से इनकी इच्छा के विरुद्ध ही इसे लिया था। सोचती थी शायद इन्हें मेरी योग्यता पर विश्वास नहीं है, इसीलिए ये विरोध कर रहे हैं। पर मैंने अच्छी तरह काम सम्हाल लिया, तब भी ये नाख़ुश ही हैं।

जयन्त : साहनी साहब तो जुलाई से तुम्हारी नौकरी पक्की कर रहे हैं, और तुम हो कि काम छोड़ने की बात कर रही हो।

शोभा : सब बेकार है जयन्त। एक समय था जब ऐसी तारीफ़ों को सुनकर मैं सारे घर में नाची-नाची फिरती थी। पर अब तो मुझे जैसे इन सबसे डर लगता है। लगता है, जैसे जितना-जितना ऊपर से बढ़ती जा रही हूँ भीतर से उतनी ही मेरी जड़ें कटती जा रही हैं, मैं अपनी धरती से उखड़ती जा रही हूँ।

जयन्त : तो इसमें इतना दुखी होने की क्या बात है ? यह तो बहुत ही स्वाभाविक है। अरे, पौधा छोटा होता है तो हम उसे गमले में रखते हैं, जब बढ़ जाता है तो जड़ से उखाड़कर धरती में नहीं गाड़ देते ?

शोभा : नहीं जयन्त, मैंने तो यही तय किया है कि मैं यह काम छोड़ दूँगी। अपने घर की सुख और शान्ति यों नष्ट नहीं होने दूँगी।

जयन्त : अजित ने कहा है तुमसे कि यह काम छोड़ दो।

शोभा : कहने के पचास ढंग होते हैं, वे सभी तो अपना रखे हैं।

जयन्त : मैंने तो तुमसे पहले ही कहा था।

शोभा : पर क्यों, आख़िर क्यों ? जब मैं अच्छी तरह से यह काम सम्हाल रही हूँ, तब क्यों ?

जयन्त : क्योंकि वह बर्दाश्त नहीं कर सकता कि तुम्हारी अपनी भी कोई जगह हो, प्रतिष्ठा हो। मिसेज़ अजित की तरह ही तुम्हें देख सकता है, देखना चाहता है। श्रीमती शोभा देवी की तरह नहीं।

शोभा : लेकिन श्रीमती शोभा मिसेज़ अजित से भिन्न कहाँ है, वह तो मैं हर हालत में ही रहूँगी !

जयन्त : पर अजित तो ऐसा नहीं सोचता है न। *(कुछ ठहरकर)* जानती हो, वह आजकल भीतर ही भीतर तुमसे ईर्ष्या करने लगा है !

शोभा : कैसी बातें करते हो जयन्त ? मुझसे क्या ईर्ष्या करेंगे भला ! ऐसा मुझमें है ही क्या ?

जयन्त : तुम अपने आपको चाहे कुछ न समझो, पर बाहर तो तुम्हारी प्रतिष्ठा है ही। डिग्री कॉलेज की प्रिंसिपल होना–

शोभा : मेरी प्रतिष्ठा है तो क्या उनकी नहीं है ? आख़िर मैं उनसे भिन्न तो नहीं ही हूँ।

जयन्त : *(सिगरेट सुलगाते हुए)* शोभा, तुम अजित को पत्नी की तरह देखती हो न, सो कुछ बातों पर तुम्हारी नज़र न जाना स्वाभाविक ही है। वरना ईर्ष्या अजित के ख़ून में मिली हुई है। सारी दोस्ती के बावजूद वह मुझसे हर बात में ईर्ष्या करता था, आज भी करता है। वह जो भी काम करता है, ईर्ष्या या होड़ की भावना से ही करता है।

(शोभा देखती रहती है मानो बात को समझ नहीं रही हो।)

जयन्त : तुम्हारी शादी के एक साल बाद मैंने शादी की। मीना बी. ए. पास थी तो तुरन्त उसने तुम्हारी पढ़ाई शुरू की और एम.ए. करवाया। पहले उसे अपनी नौकरी से ऐसी शिकायत नहीं थी, पर जब से मुझे अंग्रेजी कम्पनी में काम मिला तब से–

शोभा : हो सकता है तुम्हें लेकर उनके मन में ईर्ष्या हो, पर मुझे लेकर ईर्ष्या करें यह बात तो–

जयन्त : समझ में नहीं आती, क्यों ? आएगा शोभा, यह सब भी समझ में आएगा।

शोभा : मेरी तो कुछ भी समझ में नहीं आता मैं क्या करूँ ? जितनी कोशिश करती हूँ उन्हें खुश करने की, वे उतने ही नाराज़ होते जाते हैं। तुम्हीं बताओ आख़िर किया क्या जाए ?

जयन्त : *(एकाएक उठकर पर्दे खींच-खींचकर खिड़कियाँ खोलने लगता है)* अब तो धूप ख़त्म हुई, खिड़कियाँ तो खोलो।

भीतर कितनी घुटन हो चली है। वाह ! बाहर तो बड़ा अच्छा हो रहा है ! *(शोभा से)* अजित कब तक लौटेगा ?

शोभा : पता नहीं !

जयन्त : काम छोड़ने की बात भी मत सोचो। लगता है अब एक दिन बैठकर मुझे अजित से बात करनी पड़ेगी। बस यही है कि आजकल वह बात को सीधे ढंग से लेता नहीं। ताने कसेगा, टेढ़ी-टेढ़ी बातें करेगा, और कोई बस नहीं चलेगा तो भन्नाएगा--बकने लगेगा--। ख़ैर, मैं न उसके गुस्से से डरता हूँ न बकने से। यों भी बहुत दिनों से मैं सोच रहा था बात करने की--अब कर ही डालूँ।

(एकाएक शोभा फूटकर रो पड़ती है, सिर दोनों हथेलियों में छिपा लेती है।)

जयन्त : *(उसके पास आकर सिर पर हाथ फेरते हुए)* अरे, यह क्या, तुम रो रही हो शोभा ? इस तरह बचपना नहीं करते। रोने से तो कुछ होगा नहीं, बैठकर बात करेंगे। मैं अजित से बात करूँगा। जाओ, उठकर मुँह धोकर आओ। चलो उठो !

(शोभा थोड़ी देर पल्ले से आँसू पोंछती रहती है, फिर उठकर भीतर चली जाती है। थोड़ी देर बाद जीजी का प्रवेश।)

जीजी : अरे तुम ? अजित कहाँ है ?

जयन्त : वह तो कहीं बाहर गया है।

जीजी : बाहर ? कब ? अभी मैं नहा रही थी तब तो भीतर आकर आवाज़ दी थी, और अभी चला भी गया। चाय भी नहीं पी ?

जयन्त : पता नहीं, मैं अभी आया तब तो यहाँ नहीं था।

जीजी : अच्छा--। *(भीतर चली जाती है।)*

(शोभा का प्रवेश।)

जयन्त : अच्छा शोभा, अभी तो चला। और देखो, तुम ज़्यादा परेशान न होना। कल-वल अजित को पकड़कर बैठूँगा और साफ़-साफ़ बात कर लूँगा।

(जयन्त का प्रस्थान। शोभा दरवाज़ा बन्द करती है।

फिर निरुद्देश्य-सी अप्पी के बोर्ड के ऊपर लगे मोतियों को इधर से उधर घुमाती है। भीतर से जीजी का प्रवेश।)

जीजी : *(शोभा की ओर गौर से देखती हुई)* क्या बात है शोभा ? तुम रोती हुई भीतर क्यों आई थीं अभी ? मैंने सोचा, अजित से कुछ कहा-सुनी हो गई, पर वह तो यहाँ था ही नहीं।

शोभा : कुछ नहीं जीजी, यों ही।

जीजी : मुझे इस लायक नहीं समझती हो कि अपनी बात बता सको, तो ज़बर्दस्ती नहीं करूँगी, पर घर में रहती हूँ तो सारी स्थिति मैं भी समझती हूँ।

शोभा : *(एकदम फूट पड़ती है)* जीजी, आपको मैं माँ की तरह समझती हूँ, और आपसे माँ-सा स्नेह पाया है। आप बताइए न, इन्हें क्या होता जा रहा है ? जब देखो तब नाराज़, जब देखो तब ताने मारना, उल्टी-सीधी बातें करना। मैं ऐसा कौन-सा ज़ुर्म कर रही हूँ, या पाप कर रही हूँ, जो ये इस तरह–

जीजी : *(प्यार से उसके सिर पर हाथ फेरते हुए)* शोभा, इस तरह रोते नहीं बच्ची। *(थोड़ा ठहरकर)* देखो, पाप या जुर्म तो तुम कुछ भी नहीं कर रहीं, कोई नहीं कहता कि तुम जुर्म कर रही हो–पर हाँ, कहीं कुछ ग़लत ज़रूर हो रहा है।

शोभा : *(आवेश में)* मुझे कोई बताता क्यों नहीं कि क्या ग़लत हो रहा है ? घर की सारी व्यवस्था ठीक चल रही है, सबका काम ठीक समय पर हो जाता है। कभी कोई ज़रा-सी कसर रह भी जाए तो उसी को लेकर तूफ़ान मचाया जाता है ?

जीजी : घर की व्यवस्था और काम समय पर न होना इतनी छोटी बातें हैं शोभा, कि इनसे सम्बन्ध नहीं बिगड़ सकते। कभी नहीं बिगड़ सकते। बात इससे ज़्यादा बड़ी और गहरी है।

शोभा : क्या है वह बड़ी और गहरी बात, मैं भी तो जानूँ आख़िर ?

जीजी : *(कुछ सोचकर)* जानती हो शोभा, अजित तुम्हें बहुत प्यार करता है, बहुत ज़्यादा। *(शोभा प्रश्नवाचक दृष्टि से*

देखती रहती है) पहले उसे लगता था तुम उसकी हो, केवल उसकी। अब जैसे-जैसे तुम अपनी बाहरी जिम्मेदारियाँ बढ़ाती जा रही हो उसे लगता है तुम इस घर से, उससे दूर होती जा रही हो। वह तुम्हें फिर से पहले की तरह ही पाना चाहता है।

(शोभा बड़े ध्यान से सुनती रहती है।)

शोभा : पर जीजी, ऐसा तो हमेशा होता ही रहता है। *(फिर कुछ ठहरकर)* शादी के तुरन्त बाद लगता है जैसे हर समय साथ बैठे रहो, पाँच मिनट का अलगाव भी बुरा लगता है। फिर बच्चे आते हैं तो माँ के सारे ध्यान और प्यार का केन्द्र बन जाते हैं। पति-पत्नी की यह दूरी तो बढ़ती ही जाती है। पर यह बाहरी दूरी, बाहरी अलगाव तो उनके भीतरी सम्बन्धों को और मजबूत बनाता है। नहीं होता ऐसा ?

जीजी : होता है, पर तभी तक जब तक पत्नी का केन्द्र घर और बच्चे ही रहें।

शोभा : तब आप ही बताइए जीजी, मैं क्या करूँ ? काम छोड़ दूँ ? अपने को घर और बच्चों में ही सीमित कर लूँ ?

जीजी : इस तरह आवेश में आकर कुछ भी करना ग़लत होगा। और देखो, बुरा न मानो तो एक बात और कहूँ।

(शोभा प्रश्नवाचक दृष्टि से उन्हें देखती है।)

जीजी : जयन्त को अपने इस मामले से दूर ही रखो तो ज़्यादा अच्छा होगा।

शोभा : क्यों ? क्या बात है ?

जीजी : यह तुम्हारा एकदम व्यक्तिगत मामला है, दूसरों के बीच में आने से कभी-कभी बात सँभलने के बजाय और बिगड़ जाती है, इसलिए।

शोभा : पर जयन्त तो शुरू से ही इस घर में घर के सदस्य की तरह ही समझा जाता रहा है।

जीजी : कभी-कभी घर के सब सदस्यों को भी सारी बातें नहीं बताई जातीं—व्यर्थ ही ग़लतफ़हमी हो जाया करती है। *(प्रसंग बदलकर)* अच्छा चलो, उठकर मुँह धोओ। अप्पी

आनेवाली होगी, कम-से-कम उस पर तो इन सारी बातों का प्रभाव न पड़े। *(शोभा ज्यों की त्यों बैठी रहती है। जीजी उसकी पीठ थपथपाती है।)* चलो चलो, उठो अब।

(दोनों भीतर चली जाती हैं। धीरे-धीरे पूर्ण अन्धकार हो जाता है।)

दूसरा दृश्य

(सन्ध्या के पाँच बजे का समय। ड्राइंग-रूम ख़ाली पड़ा है। बीच की मेज़ पर अप्पी का फ्रॉक पड़ा है, कुर्सी के हत्थे पर रिबन झूल रहा है। घंटी बजती है। नौकर आकर दरवाज़ा खोलता है। अजित का धीरे-धीरे प्रवेश।)

अजित : जीजी हैं ?

नौकर : भीतर हैं।

अजित : ज़रा भेज दो तो *(नौकर जाने लगता है)* और सुनो एक गिलास शिकंजवी भी लेते आना, चीनी एकदम कम ! *(नौकर चला जाता है। अजित मेज़ पर चिट्ठियाँ देखने जाता है। जीजी का प्रवेश।)*

जीजी : अरे, तुम अभी से आ गए ? मैंने तो सोचा शोभा आई है। चिट्ठी तो आज कोई नहीं है।

अजित : *(सोफ़े पर बैठते हुए)* बस जीजी, आज हो गया अपनी नौकरी का ख़ात्मा ! *(अप्पी के कपड़े एक तरफ़ हटा देता है।)*

जीजी : क्यों, इस्तीफ़ा मंजूर कर लिया गया ?

अजित : करते कैसे नहीं ? बाँधकर तो नहीं रख सकते न ?

जीजी : *(चिन्तित-सी)* नहीं, मैंने सोचा–

अजित : इस्तीफ़ा देने के पहले जिस दिन मैंने बात की है न जीजी, उस दिन ऐसा सुनाया था जनरल मैनेजर को कि मंजूर करने के सिवाय कोई रास्ता ही नहीं था उन लोगों के पास। न भी करते तो मैं–

जीजी : कहीं तुमने गुस्से ही गुस्से में जल्दबाज़ी तो नहीं कर दी ?

अजित : कोई जल्दबाज़ी नहीं। यहाँ इतने दिन काट दिए सो ही बहुत हैं। जब ये लोग कल के छोकरों को खोपड़ी पर ला-लाकर बिठा देंगे, जिनको न कोई तजुर्बा है न अक़्ल तो कौन बर्दाश्त करेगा ?

जीजी : सो तो ठीक है, पर पहले कहीं दूसरी जगह बात पक्की कर लेते। मेरा मतलब है यों एकाएक–

(शोभा का प्रवेश)

शोभा : अरे, आप आ गए ?

जीजी : अजित का इस्तीफ़ा मंजूर हो गया आज !

शोभा : अच्छा, हो गया ?

अजित : मैंने कोई बन्दर घुड़की थोड़े ही दी थी। मुझे तो यहाँ अब काम करना ही नहीं है।

शोभा : बर्मा शैल की अर्ज़ी भेज दी ?

(नौकर शिकंजवी लेकर आता है।)

अजित : भेज दी, आज मिस्टर शाह से मिलने भी गया था। उन का यही कहना है कि जगह तो ख़ाली होगी, बस ज़रा–

शोभा : यह जगह मिल जाए तो बहुत अच्छा हो ! इस नौकरी का तो मुझे क़तई अफ़सोस नहीं।

जीजी : *(उठते हुए)* शोभा, तुम्हारे लिए शिकंजवी भिजवाऊँ या चाय लोगी ?

शोभा : आप बैठिए, मैं खुद कह आती हूँ। *(भीतर जाती है।)*

अजित : देख रहा हूँ जीजी, आप चिन्तित हो उठी हैं।

जीजी : नहीं रे, मैं क्यों चिन्तित होऊँगी ? बस, तुम परेशान मत होना। ऊपर से तुम जितने हल्के-फुल्के बने घूमते हो,

भीतर से उतने ही परेशान रहते हो। चिन्ता मुझे है तो तुम्हारी, नौकरी की नहीं।

(शोभा का प्रवेश। अप्पी के कपड़ों पर नज़र पड़ती है।)

शोभा : यह क्या, फिर यहाँ कपड़े पटक गई अप्पी ? उसे एक कमरा दे रखा है, फिर भी घर के हर कोने में आप उसकी हर चीज़ देख लीजिए। चावला साहब ने गाड़ी भेजी थी क्या ?

जीजी : हाँ, अभी आधा घंटा हुआ होगा गए। कह गए हैं छोड़ भी जाएँगे, देर हो तो चिन्ता न करें। *(उठते हुए)* अच्छा मैं ज़रा बलबीर को बाज़ार ही भेज दूँ *(भीतर जाती हैं।)*

शोभा : शाह साहब मिस्टर विलियम्स से नहीं कह सकते ?

अजित : कहने को तो उन्होंने फ़ोन किया था। पर वह कह रहे थे कि उनके सम्बन्ध ऐसे नहीं हैं कि विलियम्स बात मान ही ले। विलियम्स ऐसे ही लोगों प्रर अहसान करता है जिनसे उसका भी काम निकलता हो।

शोभा : यह विलियम्स वही हैं न, जिनसे हम एक बार जयन्त के यहाँ दावत में मिले थे ! जयन्त से बात करके देखो न, कैसे सम्बन्ध हैं ?

अजित : जयन्त के क्या सम्बन्ध होंगे ! वह ऐसा कौन-सा बड़ा आदमी है ?

शोभा : पूछकर देखने में क्या हर्ज़ है ? यदि आए तो पूछ लेना।

अजित : नहीं—और मैं नहीं चाहता कि तुम भी इस बारे में उससे कोई बात करो।

(शोभा चुप रहती है, नौकर चाय लेकर आता है। टेलीफ़ोन की घंटी बजती है। अजित उठाता है।)

अजित : हलोऽ—। जी हाँ, मैं बोल रहा हूँ अजित।—जी—जी—ऐं ? ओह, तो यह बात है ?—जी—जी—बात तो बहुत ही अच्छी तरह से की थी। मुझे तो पूरी उम्मीद हो चली थी शाह साहब। अच्छाऽ—मैं आ जाऊँ ? मैं अभी हाज़िर हुआ—बस अभी आया। *(फ़ोन रखता है।)*-

शोभा : क्या कहा शाह साहब ने ?

अजित : *(कुछ घबराया-सा है)* सुना है मिस्टर विलियम्स की नज़र

में कोई और है।

शोभा : अच्छा ?

अजित : बुलाया है। देखो, क्या होता है ? मुझसे तो इस तरह बात कर रहा था जैसे बस तुरन्त ही नियुक्ति-पत्र भेज देगा। इन लोगों का कुछ पता भी तो नहीं लगता।

शोभा : मिल आइए, कुछ हो जाता है तब तो ठीक ही है, वरना देखी जाएगी। *(हल्के से)* आप कहें तो जयन्त से बात करूँ—इधर आएँगे शायद।

अजित : फिर वही बेकार की बात। जयन्त, जयन्त ! तुम्हारी नज़रों में जयन्त बहुत बड़ा आदमी होगा। बाहर क्या है ? अंग्रेज़ी कम्पनी में काम करने से ही कोई आदमी बड़ा नहीं हो जाता, समझीं ! वह मेरी क्या सिफ़ारिश करेगा ? *(शोभा चुप रहती है। अजित चला जाता है। भीतर से जीजी प्लेट में कुछ नाश्ता लिये हुए आती हैं।)*

जीजी : अरे, अजित कहाँ चला गया ?

शोभा : शाह साहब का टेलीफ़ोन आया था। उन्होंने बुलाया था, चले गए।

जीजी : मैं तो उसके लिए प्याज़ की पकौड़ी लाई थी। तुम खाओगी ?

शोभा : नहीं जीजी, इस समय बिलकुल भी इच्छा नहीं हो रही है *(जीजी प्लेट वापस ले जाती है। दो मिनट बाद ही जयन्त का प्रवेश।)*

जयन्त : अजित आ गया न ? मैंने ऑफ़िस फ़ोन किया था, मालूम हुआ चला गया है।

शोभा : आए तो थे, किसी से मिलने चले गए हैं। *(एक क्षण रुककर)* जयन्त, अजित का इस्तीफा मंजूर कर लिया गया आज !

जयन्त : सच ? तब तो परेशान होगा वह ?

शोभा : नहीं ऐसी बात तो नहीं है, वहाँ से तो इन्हें अब छोड़ना ही था।

जयन्त : सो तो ठीक है शोभा, पर बिना दूसरी जगह काम लिये छोड़ देने से बाज़ार में क़ीमत घट जाती है।

शोभा : बर्मा शैल में कोशिश तो कर रहे हैं। उसी सिलसिले में गए हैं शाह साहब के पास।

जयन्त : वह उसने बताया था ! बात कहाँ तक बढ़ी ?

शोभा : बताया था तुम्हें ?

जयन्त : हाँ, बताया तो था, क्यों ?

शोभा : *(कुछ सोचते हुए)* वह जगह मि. विलियम्स के नीचे है यानी उसके हाथ में है।

जयन्त : विलियम्स सेंडर्स ?

शोभा : हाँ ! तुम तो उन्हें जानते हो न ? हम तो तुम्हारे ही यहाँ उनसे एक बार दावत में मिले थे।

जयन्त : यों व्यक्तिगत परिचय तो नहीं, पर कामकाज के स्तर पर तो बहुत अच्छी जान-पहचान है। तुम कहो तो बात करूँ ?

शोभा : क्या बताऊँ जयन्त–

जयन्त : क्या बात है ?

शोभा : तुम एक काम करो। जैसे भी हो, जिसकी मदद से भी हो, कोशिश करो जयन्त, यह काम इन्हें मिल ही जाना चाहिए।–सुना है वह किसी और को चाहता है। *(एक मिनट के लिए रुक जाती है)* पर जयन्त, एक बात याद रखना। अजित को इस बात का ज़रा भी आभास नहीं होना चाहिए कि मैंने तुमसे कुछ कहा है या कि तुमने किसी तरह की कोशिश की है।

जयन्त : *(आश्चर्य से)* क्यों ?

शोभा : बस, यह मत पूछो। बिना बताए यदि कुछ कर सको तो करो। मैं तुम्हारा अहसान कभी नहीं भूलूँगी जयन्त ! *(स्वर भर्रा जाता है।)*

जयन्त : *(कुछ सोचते हुए)* ओह, तो यह बात है ? अच्छा शोभा, मुझसे जो भी होगा, जैसे भी होगा, मैं करूँगा–ज़रूर करूँगा। अजित का कोई काम करना मेरे लिए अपना काम करने के बराबर है। पर अजित के मन में इतना परायापन आ गया है, वह मुझसे इतना दुराव रखने लगा है, यह आज ही मालूम हुआ। खिंचा-खिंचा और कटा-कटा तो वह कई दिनों से रहता है, पर बात यहाँ तक–

शोभा : जयन्त ! अजित का चित्त आजकल ठिकाने नहीं है, उनकी किसी बात को लेकर तुम बुरा मत मानो। मेरे साथ तो तुम जानते ही हो, वे आजकल कैसा व्यवहार करते हैं। जब से यह इस्तीफ़ा दे दिया तब से तो हालत और भी ख़राब हो गई है।

जयन्त : जयन्त अजित की बात का बुरा मानता होता शोभा, तो शायद आज से दो साल पहले ही इस घर में आना छोड़ देता। उसके हर व्यवहार को मैंने दोस्ताना ढंग से लिया क्योंकि मैं कभी भूल नहीं पाता कि यह मेरा वही दोस्त है जो होस्टल में मेरी बीमारी के दिनों में महीनों रात-रात भर जागा है। मीना के अलगाव के दुख को मैंने इसकी गोद में ही रो-रोकर हल्का किया है। उस समय इसी ने अपने घर को मेरे लिए ऐसा बना दिया था कि मैं अपने घर की कमी को महसूस ही न कर सकूँ। सच कहता हूँ, यहाँ आते समय मुझे कभी लगता ही नहीं कि मैं किसी दूसरे के घर जा रहा हूँ। इस घर के बड़े-बड़े निर्णय मैं इस तरह लेता हूँ, मानो इस घर पर मेरा पूरा-पूरा अधिकार है—

शोभा : सो तो है ही जयन्त। तुम्हारे कहने से ही तो मैंने अजित के मना करने पर भी यह काम लिया था। तुम्हारे इस अधिकार को कौन नकारता है ?

जयन्त : *(ज़ोर से)* अजित नकारता है। उसने ज़रूर तुमसे मना किया होगा यह सब मुझसे कहने के लिए। वह शायद मेरा अहसान नहीं लेना चाहता।

(फिर एकाएक ही व्यथित-से स्वर में) पर यह तो सोचता कि मैं क्या अहसान जताने जा रहा था ? कभी किया है ऐसा ? हमारे बीच में तो कभी ऐसी बात नहीं थी। तुम भी आज अहसान न भूलने की बात कर रही हो।—क्या हो गया है तुम लोगों को ?

शोभा : *(बहुत ही स्निग्ध-से स्वर में)* जयन्त, कम-से-कम मेरे बारे में तो ऐसा मत सोचो। मैंने तो, जब से शादी होकर आई, तबसे तुम्हें देवर की तरह माना है। कभी कोई अलगाव-दुराव नहीं रखा—इनका भी—

जयन्त : आज मैं इससे बात करके ही रहूँगा। बात तो मैं इससे उस दिन से ही करना चाह रहा था, पर बीच में ही इसके इस्तीफ़े की बात आ गई तो सोचा, अभी नहीं करूँगा। पर आज–

शोभा : तुम्हारे आगे हाथ जोड़ती हूँ जयन्त, अभी नहीं। इन्हें यह काम मिल जाए, उसके बाद तुम चाहे जितना लड़ लेना इनसे, पर अभी नहीं।

(जयन्त परेशान-सा कमरे में चक्कर लगाता है। शोभा चुप रहती है। अजित का प्रवेश। दोनों उसे कुछ इस भाव से देखते हैं मानो चोरी करते हुए पकड़े गए हों।)

शोभा : *(झिझकते हुए)* तुम आ गए ? क्या हुआ ?

अजित : कुछ नहीं। *(जयन्त और शोभा को इस अन्दाज़ से देखता है मानो सारी स्थिति को भाँप लेना चाहता हो)* तुम कब आए जयन्त ?

जयन्त : बस अभी ही आ रहा हूँ ! तुम क्या बहुत थके हुए हो ?

अजित : नहीं तो, क्यों ?

जयन्त : ज़रा मेरे साथ बाहर चल सकते हो ? *(शोभा भयभीत-सी नज़रों से देखती है।)*

अजित : क्यों, कहाँ चलना है ?

जयन्त : जहाँ भी मैं ले चलूँ।

शोभा : अभी यहाँ से ले जाओगे जयन्त ? सारे दिन के थके-माँदे तो आए हैं।

जयन्त : तुम बीच में मत बोलो। मैं कोई रिक्शा खिंचवाने नहीं ले जा रहा हूँ। इससे कुछ ज़रूरी बात करनी है, गाड़ी में ले जाऊँगा, गाड़ी में छोड़ जाऊँगा।

शोभा : तो यहाँ बैठकर कर लो न ? मेरे सामने करने की नहीं हो तो मैं भीतर चली जाती हूँ।

जयन्त : तुम इसको इतना बाँधकर क्यों रखना चाहती हो ? तुम्हारा पति है तो मेरा भी दोस्त है। चलो अजित, उठो।

(अजित एक क्षण कुछ तय ही नहीं कर पाता कि क्या करे। शोभा आँखों से जयन्त को समझाना चाहती है। एकाएक अजित उठकर चलने को तैयार हो जाता है।)

जयन्त : घंटे-डेढ़ घंटे में छोड़ जाऊँगा। चिन्ता मत करना।

शोभा : चिन्ता की क्या बात है ? मैं तो–

(दोनों चले जाते हैं। शोभा भी दरवाज़ा बन्द करके भीतर चली जाती है। धीरे-धीरे अन्धकार होता है।)

तीसरा दृश्य

(अगले दिन सबेरे नौ बजे। कमरा खाली पड़ा है। भीतर से अजित आता है। बाहर जाने के लिए तैयार है। मेज़ से सिगरेट और लाइटर उठाता है।)

अजित : बल्लू, दरवाज़ा बन्द कर लेना।

(अजित का प्रस्थान। शोभा प्रवेश करती है। उसकी आँखें हल्की-सी सूजी हुई हैं। दरवाज़ा बन्द करती है एक क्षण खड़ी रहकर कुछ सोचती है। फिर टेलीफ़ोन करती है।)

शोभा : हलोऽ–। हाँ जयन्त, मैं बोल रही हूँ। कल की सारी बातचीत के लिए माफ़ी माँगना चाहती हूँ। ऐंऽ–? मुझे बीच में बोलने का कोई अधिकार नहीं है ?–है जयन्त, है ! मैंने कभी स्वप्न में भी नहीं सोचा था कि ये इस स्तर पर उतर आएँगे। सारी रात क्या गुज़री है मुझ पर कि बता नहीं सकती। किस बात की है यह कुंठा ? क्या नहीं है

अजित के पास ?—क्याऽऽऽ? मैं नहीं समझ सकूँगी ? हाँ सच, अब तो यही लगने लगा है कि मैं अजित को बिलकुल नहीं समझती। इतने साल साथ रहने के बाद भी नहीं। क्या सोच रहे होगे तुम भी...कुछ नहीं सोच रहे ? सच कह रही हूँ जयन्त, अभी ये बेकार नहीं होते न, तो मैं भी बता देती इन्हें कि ऐसी ऊलजलूल बातें सोचने का क्या फल होता है ? क्याऽऽऽ बात की थी विलियम्स से ? यह सब सुनने के बाद भी ? मैं होती तो कभी नहीं करती। अच्छा तो अड़वानी से कहलवाओगे ? वह कह देगा तो उम्मीद है ?—तुम्हारी जो मर्ज़ी हो करो। मेरा तो गुस्से और अपमान से रोम-रोम जल रहा है।—यह बात तुम बिलकुल छिपा गए ? मैं भी सोच रही थी कि सारे पुराण खुले, यह बात नहीं आई।—सच कह रहे हो ? मेरी बात तुमने मान ली ! क्या कहूँ जयन्त, तुम सचमुच महान हो। कल तो बराबर मन में यही डर बना रहा—*(एकाएक दरवाज़े की घंटी बजती है।)* कोई आया है, अभी रखती हूँ। तुम इधर नहीं आ रहे ?—क्या कहा, अब इस घर में कभी नहीं आओगे ? मेरे पास भी नहीं ? *(फिर घंटी बजती है।)* अच्छा, फिर बात करूँगी। *(फ़ोन रख देती है।)*

(शोभा दरवाज़ा खोलती है। मीना का प्रवेश।)

शोभा : अरे, मीना ! एक सप्ताह बाद आज तुम्हारी शक्ल दिखाई दी है। कहाँ ग़ायब रहीं इतने दिनों तक ?

मीना : मैं तो कल दोपहर में भी आई थी। मालूम था कि तुम लोगों से तो मुलाकात होगी नहीं, पर इधर से निकली तो आ गई। बड़ी देर तक जीजी से गप्पें मारती रही। अजित क्या घर पर नहीं हैं ?

शोभा : जीजी ने तो बताया नहीं। शायद ख़याल से उतर गया होगा। वे तो बाहर गए हैं।

मीना : *(शोभा की आँखों की ओर लक्ष्य करके)* तुम्हारी आँखें ऐसी क्यों हो रही हैं ? रोई थीं क्या ?

शोभा : *(टालते हुए)* नहीं तो, गर्मी की वजह से ! मैं तो सोच रही थी मीना कि तुम्हारा बंगाल का दौरा समाप्त हुआ, अब

तुम कलकत्ता रहोगी तो कुछ दिन तुम्हारा साथ ही रहेगा। पर देखती हूँ तुम्हारी व्यस्तता का कोई अन्त ही नहीं।

मीना : नहीं, ऐसी कोई बात नहीं है। मैं तो चाहती हूँ और अधिक व्यस्त रहूँ, इतनी अधिक कि पता ही नहीं चले कि दिन किधर जाते हैं।

शोभा : क्यों, दिन निकालना क्या बहुत भारी पड़ता है ?

मीना : नहीं, फिर भी खाली समय आदमी को बहुत-सी व्यर्थ की बातें सोचने को मजबूर कर देता है। जो हम नहीं सोचना चाहते वही सब दिमाग़ को घेरे रहता है।

शोभा : *(एकटक मीना को देखती रहती है)* मीना, मन की बात क्या शब्दों के द्वारा ही जानी जा सकती है ? तुम्हारे बिना कुछ कहे भी मैं बहुत कुछ समझ सकती हूँ।

मीना : तुमसे कुछ छिपाने का मैंने कभी प्रयत्न भी नहीं किया। *(कुछ ठहरकर)* आठ महीने पहले कलकत्ता आई थी, तब से बराबर गाँवों में घूम रही हूँ, पर एक अजीब-सी बेचैनी, अजीब-सा उखड़ापन बराबर ही महसूस कर रही हूँ।

शोभा : सच-सच बताना मीना, इस सारी बेचैनी में क्या कहीं भी जयन्त नहीं हैं ?

मीना : एकदम नहीं हैं, यह भी नहीं कह सकती। पर एकमात्र जयन्त ही हैं यह भी ग़लत है। जयन्त शायद नहीं ही हैं। पर हाँ जयन्त को देखकर मन की रिक्तता और चुभने लगी है, ख़ालीपन और अधिक गहरा गया है !

शोभा : *(बहुत स्नेह से उसकी पीठ पर हाथ फेरकर)* मीना।

मीना : जानती हो शोभा, परसों दोपहर को बालीगंज वाले घर के सामने से गुज़री। पिछली बार भी इतने दिनों कलकत्ता रह गई, पर उधर से कभी नहीं गुज़री। बड़ी विचित्र-सी अनुभूति हुई। बरामदे में मैंने बड़े शौक से मनीप्लांट के जो गमले लटकाए थे, वे वहाँ नहीं थे। सारा बरामदा बड़ा सूना-सूना लग रहा था। मन हुआ एक बार भीतर जाकर देखूँ, कहाँ क्या-क्या बदल गया है ? मन और परिश्रम से जमाए उस घर की क्या हालत है ? रग्घू कैसा है ? बड़ी मुश्किल से अपनी इस इच्छा को रोक पाई। बाद में बड़ी

देर तक सोचती भी रही कि जिस घर को और ज़िन्दगी को अपनी इच्छा से छोड़ आई, उसके प्रति यह कैसा मोह ?

शोभा : कितनी ही बार सोचती हूँ मीना, कि घर छोड़कर कैसा लगता होगा ? घर छोड़कर ही कोई औरत क्या उस घर को भूल सकती है जिसे वह अपने हाथों से बनाती है, सँवारती है ?

मीना : घर यों आसानी से छूटता भी नहीं शोभा ! कोई बहुत बड़ी मजबूरी न हो, या घर से भी बड़ा कोई आकर्षण न हो, तब तक घर छोड़ा नहीं जाता।

शोभा : तुम्हें अपने इस निर्णय पर अफ़सोस होता है कभी-कभी ?

मीना : *(कुछ सोचते हुए)* जिस व्यक्ति और घर को छोड़ा उसके लिए तो कोई अफ़सोस नहीं है मन में। जो अपमान और मानसिक यातना मैंने वहाँ पाई, अनाथ और बेसहारा औरतों के स्नेह, आदर और अपनत्व के कारण ही उस व्यथा को मैं किसी तरह भूल सकी। पर अब देखती हूँ कि जिन बेसहारा औरतों को मैं अपनी ज़िन्दगी का सहारा बनाना चाहती थी, वे अपने ही सहारे की तलाश में इधर-उधर दौड़ती फिरती हैं। जिसको मिल जाता है, वह चली भी जाती है—और मैं फिर बड़ा अकेला-अकेला और बेसहारा महसूस करने लगती हूँ।

(जीजी का प्रवेश)

जीजी : मीना, तुम कब आईं ? और लो शोभा, मैं तो बताना ही भूल गई कि कल दोपहर में भी ये आई थीं।

मीना : कोई बात नहीं, मैं आज फिर आ गई।

जीजी : *(शोभा से)* अजित अप्पी को लेकर आएगा या बल्लू को भेजूँ ?

शोभा : मेरी तो इनसे कोई बात नहीं हुई, आप भेज ही दीजिए।

जीजी : तुम लोगों के लिए चाय भिजवाऊँ ?

मीना : जीजी, चाय पीने की इच्छा तो सचमुच हो रही है ! *(जीजी भीतर जाती हैं)* शोभा, कल जीजी से बड़ी देर तक बातें करती रही। मैं तो इतनी ज़्यादा प्रभावित हुई हूँ इनसे कि

बता नहीं सकती। पहले दिन देखा था तो सोचा था कि यों ही तुम्हारी कोई विधवा ननद होंगी। कल लगा पढ़ी-लिखी चाहे अधिक न हों, पर किसी बात पर गहराई तक सोचने का ऐसा माद्दा शायद ही किसी औरत में हो।

शोभा : मेरी तो ख़ुद इन पर बड़ी श्रद्धा है। अपनी उम्र से कहीं अधिक आधुनिक और विचारों में बेहद सन्तुलित। पर हैं बड़ी बदकिस्मत। सोलह साल की उम्र में ही विधवा हो गईं।

मीना : कोई बच्चा भी नहीं है इनके ?

शोभा : नहीं, शादी के छह महीने बाद ही तो विधवा हो गई थीं। उस जमाने में विधवा-विवाह होते नहीं थे। पिताजी ने ससुराल से कानपुर बुला लिया और पढ़ाई जारी करवा दी। पर तब विधवा लड़की स्कूल जाए यही बड़ी बदनामी की बात थी सो पिताजी ने तंग आकर घर बिठा लिया। मैट्रिक की सारी तैयारी की थी, बस इम्तिहान नहीं दे सकीं। इसी ग़म में माताजी की मृत्यु हो गई तो बस, कानपुर वाला घर सम्हालना इनका काम हो गया। मेरे लिए तो सास कहो, ननद कहो या माँ कहो, यही हैं।

मीना : पर कोई कुंठा नहीं, कोई गाँठ नहीं। वरना ऐसी स्थिति में कोई सहज नहीं रह पाता।

शोभा : मुझे तो ख़ुद आश्चर्य होता है। सचमुच कमाल की औरत हैं। जब मैंने कॉलेज का काम लिया था तो अप्पी छोटी थी। अजित ने इन्हें आने के लिए लिखा तो तुरन्त आ गईं। हम सबको इतने प्यार से रखती हैं कि बस।

(नौकर चाय लेकर आता है। शोभा बनाती है।)

मीना : शोभा एक बात पूछूँ ? कल जीजी तुम्हारे और अजित के बारे में बता रही थीं। अजित की नौकरी के बारे में भी बता रही थीं। सारी बातें जानकर बहुत दुख हुआ। तुम लोगों के बारे में तो मैं इस प्रकार की कोई कल्पना भी नहीं कर सकती हूँ। जीजी चाहती हैं कि मैं तुमसे और अजित से बात करूँ।

शोभा : *(खिन्न-से स्वर में)* मुझसे जितनी चाहो बात कर लो, पर अजित के सामने तो यह भी न दिखाना कि तुम्हें कुछ मालूम है। कल रात जयन्त इन्हें पकड़कर ले गए। वे कई दिनों से बात करना चाह रहे थे। पर इन्होंने जिस तरह की बातें कीं--मैं तो अवाक् रह गई। अभी जयन्त से तो बात भी नहीं हुई—पता नहीं और भी क्या कहा होगा। सच मीना, मैं तो कल्पना भी नहीं कर सकती थी कि अजित इस स्तर पर भी उतर सकते हैं। कल रात-भर सो नहीं सकी। अब तो लगता है सारी बात पर नए सिरे से ही सोचना होगा।

मीना : आख़िर बात क्या हुई ?

शोभा : छोड़ो मीना, मुझसे वह कहा भी नहीं जाएगा। दुःख इसी बात का है कि इन्हें अपने दोस्त पर विश्वास नहीं रहा, अपनी पत्नी पर विश्वास नहीं रहा—पता नहीं, क्या होता जा रहा है इन्हें ? *(आवाज़ भर्रा जाती है।)*

मीना : *(कुछ सोचते हुए)* मैं तो यहाँ थी नहीं, इसलिए कुछ भी कह पाने की स्थिति में नहीं हूँ। पर कल जीजी की बातों से भी कुछ ऐसी ध्वनि निकली अवश्य थी कि जयन्त तुममें बहुत दिलचस्पी ले रहे हैं, तुम्हें कुछ ऐसी राह पर ले जाना चाह रहे हैं, जिस पर चलकर तुम अजित से दूर होती जाओ।

शोभा : *(खीझकर)* कैसी दिलचस्पी, कैसी राह ? मैं कोई नासमझ बच्ची हूँ जो कोई मुझे मनचाही राह पर ले चलेगा ? बस यह प्रिंसिपल की जगह दिलवाने में उन्होंने बहुत कोशिश की, उन्हीं की वजह से यह काम मुझे मिला भी है—अब इसका जो चाहे अर्थ लगा लो।

मीना : नाराज़ होने की बात नहीं है शोभा ! सारी प्रतिभा और बुद्धिमानी के बावजूद तुम शायद कहीं बहुत ज़्यादा सीधी और सरल भी हो। तुम्हारी बात मैं नहीं जानती, पर जयन्त अनजाने में ही यह सब कर सकता है। *(कुछ ठहरकर)* यों जान-बूझकर वह स्वयं भी नहीं चाहता होगा, पर अनजाने करता वही सब है। शुरू से ही तुम लोगों का

सुखी परिवार उसके लिए हल्के-से कष्ट का कारण रहा है।

शोभा : दो दिन पहले भी यदि तुम यह बात कहतीं तो मैं मान लेती, पर आज नहीं मान सकती। तुम आईं तब उन्हीं का फ़ोन आया था। कल की सारी बात हो जाने के बावजूद वह अजित की नौकरी के लिए कोशिश कर रहे हैं। और मैं जानती हूँ कि जब वह किसी चीज़ को हाथ में लेते हैं तो ज़मीन-आसमान एक कर देते हैं। उनका कल का व्यवहार और कल की बातें सुनकर तो मेरा मन श्रद्धा से भर उठा है, और ये हैं कि बैठे-बैठे—

मीना : मैंने कहा न, मुझे सारी बात मालूम ही नहीं। मैंने तो यों ही अपनी धारणा बता दी थी। हो सकता है, मैं एकदम ग़लत होऊँ।

शोभा : जयन्त तो जयन्त, कम-से-कम मुझ पर तो विश्वास रखा होता। मुझे तो ये जानते हैं। मुझे तो सारा का सारा बनाया ही इन्होंने है। मुझ पर सन्देह ? सच कहती हूँ मीना, कल रात जब अजित के मुँह से यह सब सुना, तब से मन कर रहा है कहीं चली जाऊँ, एक क्षण भी इस घर में नहीं रहूँ। *(फूट पड़ती है।)*

मीना : अरे-अरे, यह क्या ? *(पीठ सहलाती है)* क्या कहूँ, कुछ भी तो समझ में नहीं आता—केवल दुःख होता है। पर शोभा, इतना ज़रूर कहूँगी कि आवेश में आकर कोई ग़लत काम न कर बैठना।

शोभा : तुम्हारी जैसी स्थिति में होती तो सचमुच ही कहीं चली जाती, पर मैं तो जा भी नहीं सकती।

मीना : *(कुछ सोचते हुए)* तुम्हारी छुट्टियाँ कब से हैं ?

शोभा : बस एक सप्ताह बाद से ?

मीना : एक काम करो। तुम छुट्टियों में कहीं बाहर चली जाओ ! सारी स्थिति से कटकर ज़्यादा अच्छी तरह सोच सकोगी। मन बदल जाएगा।

शोभा : मैं खुद जाना चाहती हूँ। पर अभी जाऊँगी तो सोचेंगे कि लो मैं तो बेकार हूँ और इसे सैर-सपाटे सूझ रहे हैं। प्रिंसिपल है, इसे किसी की क्या परवाह ? आजकल हर

बात के दो अर्थ निकाले जाते हैं !

मीना : नहीं-नहीं, ऐसी हालत में तुम्हारा जाना और भी ज़रूरी है। मान लो अजित को एक महीना और काम नहीं मिले तो सारे दिन तुम लोग घर में बैठे-बैठे लड़ना। इस तरह तो स्थिति बद से बदतर हो जाएगी। *(शोभा कुछ कहती नहीं, सोचती रहती है)* तुम कुछ कहकर अजित को समझा दो, लेकिन यहाँ से चली ज़रूर जाओ।

शोभा : कोशिश करूँगी।

मीना : अच्छा शोभा, इस समय तो चलूँगी। और देखो, तुम ज़्यादा दुखी मत होना। घर में यह सब तो चलता ही रहता है। एक-दो दिन में मैं फिर आऊँगी।

शोभा : *(बड़े बुझे-से स्वर में)* ज़रूर आना मीना ! अब तो शायद यहाँ जयन्त भी नहीं आएँगे–दो बात भी किसी से करना चाहूँ तो कोई नहीं है !

मीना : आऊँगी-आऊँगी, ज़रूर आऊँगी।

(मीना जाती है, शोभा दरवाज़ा बन्द करके भीतर चली जाती है। दो मिनट रंगमंच खाली रहता है, फिर घंटी बजती है। नौकर आकर दरवाज़ा खोलता है। सेठ सम्पतलाल का प्रवेश। वेशभूषा से ही सम्पन्न लग हैं।)

सेठ : प्रिंसिपल साहिबा हैं घर में ?

नौकर : जी हैं, आप बैठिए।

(सेठ जी बैठते हैं, चारों ओर देखते हैं। भीतर से शोभा का प्रवेश। दोनों एक-दूसरे को नमस्कार करते हैं।)

सेठ : आप ही प्रिंसिपल साहिबा हैं न ?

शोभा : जी, कहिए ?

सेठ : मेरी पोती आपके कॉलेज में पढ़ती है, पहले साल में–कमला सम्पतलाल।

शोभा : *(कुछ याद करते हुए)* जी हाँ, पढ़ती है।

सेठ : मैं उसी का बाबा हूँ, सेठ सम्पतलाल। नाम सुना होगा आपने। चावल का कारोबार है अपना, आसाम में चाय के बग़ीचे भी हैं, बम्बई में कपड़े की मिलें भी हैं दो, और–

शोभा : *(बीच में बात काटकर)* मैं आपके लिए क्या कर सकती हूँ ?

सेठ : ही-ही-ही-। भौत नाम सुना है आपका। कमला तो भौत ही तारीफ़ करती है आपकी।

शोभा : बेहतर होगा आप यह बताएँ कि मैं आपके लिए क्या कर सकती हूँ।

सेठ : *(चारों ओर देखकर) अहाऽ !*—क्या घर रखती हैं आप ! लोग-बाग कहते हैं कि पढ़ी-लिखी लड़कियाँ घरबार नहीं देखतीं। अब कोई कहे ? जैसा नाम सुना था, वैसा ही पाया। कमला तो भौत ही तारीफ़ करती है आपकी !

शोभा : क्या मैं जान सकती हूँ कि—आपको क्या काम है ?

सेठ : वह—वह—वह इस बार आपने कमला को फ़ेल कर दिया, उसी के बारे में—

शोभा : मैंने फ़ेल कर दिया ? उसने काम अच्छा न किया होगा तो फेल हो गई होगी।

सेठ : सो कुछ नहीं, वह एक ही बात है। पर जो हो गया सो हो गया। अब आप उसे अगले दर्ज़े में चढ़ा दीजिए।

शोभा : यह कैसे हो सकता है सेठ साहब ? जो फेल है उसे चढ़ाया कैसे जा सकता है ?

(अजित का प्रवेश। सेठ जी को देखकर हल्के-से भृकुटि तन जाती है, बिना कुछ बोले भीतर चला जाता है।)

सेठ : मेरी तो यही समझ में नहीं आता कि फ़ेल कैसे हो गई। दो-दो तो प्रोफ़ेसर रखे हैं। एक-एक को दो सौ रुपया महीना देता हूँ। एक और रख दूँगा, इस बार तो आप चढ़ा दीजिए।

शोभा : देखिए सेठ जी, विद्या कोई चाय या चावल तो नहीं जिसे आप पैसे से ख़रीद लेंगे। आप नम्बर देखना चाहेंगे उसके ?

सेठ : अरे नहीं-नहीं, नम्बर-फम्बर की बात नहीं। बस, मुझे तो इस साल उसे चढ़वाना है। *(ज़रा आगे झुककर धीरे से)* देखिए, इस बार तो आप चढ़ा दीजिए, बाक़ी जो बात हो हमसे कहिए, क्या सेवा की जाए आपकी ?

शोभा : *(डाँटकर)* क्या समझ रखा है आपने कॉलेज को ?

सेठ : अरे, आप नाराज़ क्यों होती हैं ?

शोभा : आप यहाँ से तशरीफ़ ले जा सकते हैं ! मैं आपके लिए कुछ भी नहीं कर सकूँगी !

सेठ : *(तैश में आकर)* तो आप नहीं चढ़ाएँगी ? ठीक है, आप यह मत सोचिए कि कलकत्ता में आपका ही कॉलेज है। मैं जहाँ चाहूँ इसे भर्ती करा सकता हूँ। न दूसरे साल में करवा दिया तो मेरा नाम सेठ सम्पतलाल नहीं। हूँ–! *(प्रस्थान)*

(शोभा दरवाज़ा बन्द करके भीतर चली जाती है। धीरे-धीरे रंगमंच पर अन्धकार होता जाता है। भीतर से अजित आकर बत्ती जलाता है। अलमारी में से एक किताब निकालकर पढ़ता है, फिर रख देता है। बीच मेज से अखबार उठाकर देखता है उसे भी रख देता है। अन्त में दोनों हथेलियों में सिर-मुँह ढँककर बैठ जाता है। जीजी का भीतर से प्रवेश। एक क्षण उसे इस रूप में देखती हैं फिर उसके सिर पर हाथ फेरती हैं।)

जीजी : *(बड़े ही स्निग्ध-से स्वर में)* अजित ! *(अजित मुँह उठाकर ऊपर देखता है)* क्या बात है भैया ? इस समय यहाँ कैसे बैठे हो ?

अजित : कुछ नहीं, यों ही। कुछ पढ़ना चाह रहा था, पर सिर में दर्द हो रहा है, सो पढ़ा नहीं गया।

जीजी : सिर दबा दूँ ?

अजित : नहींऽ ! अपने-आप ठीक हो जाएगा। आइए, बैठिए !

(जीजी अजित के पास ही बैठ जाती हैं।)

जीजी : बात हुई शाह साहब से, कुछ पता चला ?

अजित : हाँऽ ! जगह जुलाई से खाली होगी। पर कोशिशें तो अभी से हो रही हैं उसके लिए।

जीजी : हो जाए, हो जाए। नहीं तो कलकत्ते में नौकरियों की कौन-सी ऐसी कमी है ? तुम इस तरह परेशान मत होओ !

अजित : नौकरी का तो कुछ न कुछ होगा ही जीजी, नहीं भी हुआ तो दो-चार महीने तो भूखों मरने की नौबत आने से रही।

जीजी : तब क्यों तुम इतना परेशान रहते हो ! भीतर ही भीतर घुटते रहते हो।

अजित : क्या करूँ जीजी, बाहर-भीतर सभी तरफ़ की तो परेशानी है। मुझे लगता है जैसे सब ओर से मुझे निकाल दिया गया है। आप ही बताइए जीजी, मैं क्या करूँ ? क्या करना चाहिए मुझे ?

जीजी : *(पीठ पर हाथ फेरते हुए)* कुछ नहीं करना चाहिए। सिर्फ़ इतना ही करो कि इन बातों पर बहुत अधिक सोचना छोड़ दो। *(कुछ ठहरकर)* आज शोभा पूछ रही थी कि वह छुट्टियों में अप्पी को लेकर कुछ दिनों के लिए दार्जिलिंग चली जाए क्या ? क्या सोचते हो तुम ?

अजित : मैं किसी के बारे में कुछ नहीं सोचता। जो जिसकी इच्छा हो करे।

जीजी : मैं भी सोचती हूँ कि वह चली जाए तो अच्छा रहेगा। पर शाम को उसने बताया कि उसने जाने का इरादा ही छोड़ दिया। तुम दोनों के दिमाग़ों का मुझे तो कुछ पता ही नहीं चलता।

अजित : *(व्यंग्य से)* सलाहकार साहब ने मना कर दिया होगा तो इरादा छोड़ दिया !

जीजी : अजित, देख रही हूँ कि एक व्यर्थ के सन्देह को पाल-पोसकर तुम अपना घर बिगाड़ने पर तुले हुए हो ! *(अजित चुप रहता है)* चलो, उठकर खाना खाओ ! बैठे-बैठे व्यर्थ की बातें सोचते रहते हो। अपनी पत्नी के लिए यह सब सोचते हुए तुम्हें—*(रुक जाती है)*

अजित : कह लीजिए, कह लीजिए !

जीजी : मुझे कुछ नहीं कहना।—चलो खाना खाने !

अजित : मुझे भूख भी नहीं है जीजी और सिर भी दर्द कर रहा है। खाने की ज़रा भी इच्छा नहीं है।

जीजी : *(ग़ौर से देखते हुए)* अजित, यों भूख काटने से दुःख नहीं कटते भैया। मन तो ख़राब है ही, अब क्या शरीर भी ख़राब करके मानोगे ?

अजित : एक समय न खाने से कुछ नहीं होता जीजी, आप चलकर

खाइए। मैं सच कह रहा हूँ, मेरी इच्छा नहीं है। *(जीजी एक क्षण खड़ी रहती हैं, फिर धीरे-धीरे जाने लगती हैं।)*

अजित : जाएँ तो बत्ती बन्द करती जाइए। रोशनी से बड़ी गर्मी लगती है !

(रंगमंच पर एकदम अन्धकार हो जाता है। कुछ पल बाद घड़ी में बारह के घंटे बजते हैं। भीतर से शोभा का प्रवेश। बत्ती जलाती है तो देखती है कि अजित सोफे पर ही सो गया है। बीच की मेज़ पर अप्पी की तस्वीर पड़ी है। उसे उठाती है, देखकर फिर किताबों की अलमारी पर रख देती है। एक क्षण अजित को देखती रहती है, फिर बत्ती बुझाकर भीतर चली जाती है।)

तृतीय-अंक

पहला दृश्य

(कुछ महीने बाद। सबेरे का समय अजित का ड्राइंग-रूम नए ढंग से सजा हुआ है, कुर्सियों की संख्या अधिक है। नए ग़िलाफ़, पर्दे आदि लगे हुए हैं। भीतर से जीजी का प्रवेश। नम्बर मिलाकर फ़ोन करती हैं।)

जीजी : हलोऽ—कौन रग्घू ? साहब हैं ? ज़रा उन्हें बुला देना। *(एक क्षण की चुप्पी के बाद)* हाँऽ मैं जीजी बोल रही हूँ जयन्त। बोलो, तुमने क्या तय किया !—क्या कहा, मुश्किल है आना। ठीक है, तो मैं फिर दावत ही रोके देती हूँ।... नाराज़ मैं क्या हो रही हूँ, नाराज़ तो तुम हो।...देखो, जयन्त, यह घर अजित का ही नहीं, शोभा का और मेरा भी है। शोभा कल शाम को तुम्हें बुलाने गई। कहो तो आज मैं आ जाऊँ। शोभा की नौकरी पक्की होने की दावत तुम्हारे बिना हो नहीं सकती।—तुम आओ तो सही, न हो जाए अजित शर्म से पानी-पानी तो कहना। तुम्हें मेरे

सिर की क़सम है जयन्त, आज तुम नहीं आए तो समझ लूँगी कि जीजी और शोभा तुम्हारे लिए मर गईं।—हाँ-हाँ, तुम थोड़ी-सी देर के लिए ही आना, पर आना ज़रूर। तुम्हें मेरे सिर की क़सम है—जीजी की बात नहीं टालते। तो आ रहे हो न ? अच्छा।

(टेलीफ़ोन रखती हैं। शोभा का प्रवेश, उसने अन्तिम बात सुन ली है।)

शोभा : किसे बुला रही हैं, जयन्त को ?

जीजी : हाँ, वह मान गया है, थोड़ी देर को आएगा ज़रूर।

शोभा : क्यों बुलाया आपने उसे ? मैं कल शाम को जयन्त को बुलाने गई इस बात पर क्या-क्या सुनाया है इन्होंने, जानती हैं आप ? मैं अभी फ़ोन कर देती हूँ कि कोई ज़रूरत नहीं है आने की।

(फ़ोन की ओर बढ़ती है। जीजी बीच में ही रोक लेती हैं।)

जीजी : शोभा, पागलपन मत करो। तुम सारी बात मुझ पर छोड़ दो। मैं चाहती हूँ आज की यह दावत केवल तुम्हारी नौकरी पक्की होने की ही नहीं, अजित और जयन्त की सुलह की भी हो।

शोभा : ये और सुलह ! जिसका दिल ईर्ष्या और सन्देह की आग से जल रहा हो वह क्या दोस्ती करेगा, और क्या दोस्ती निभाएगा !

जीजी : मैं जानती हूँ शोभा, तुम अजित के प्रति बहुत कटु हो उठी हो। पर यह तो सोचो कि बेकारी के इन तीन महीनों में वह किस भीषण यातना से गुज़रा है। अब उसका नियुक्ति-पत्र आ गया। अब धीरे-धीरे सब ठीक हो जाएगा। कल जब मैंने दावत की बात कही तो खुशी-खुशी राज़ी हो गया या नहीं !

शोभा : और शाम को ही फिर दिमाग़ ख़राब हो गया।

जीजी : सारी चीज़ पहले जैसी स्थिति में आए, इसमें समय तो लगेगा ही—पर अब तुम भी अपना रवैया बदलो। तीन महीने से तुमने भी तो अजित को काट ही रखा है एक

तरह से।

शोभा : मैंने ? या उन्होंने मुझे काट रखा है ?

जीजी : समझ में नहीं आता किसे दोष दूँ ? लगता है जैसे कोई बुरे ग्रह तुम लोगों पर आए हुए थे। लेकिन अब वे टल गए। देख लेना अजित की यह नौकरी तुम्हारे लिए नई ज़िन्दगी लाएगी ?

शोभा : नई ज़िन्दगी ? मैं तो अब रात-दिन नई ज़िन्दगी की ही कामना करती हूँ–इस ज़िन्दगी–

(नौकर का प्रवेश)

नौकर : बीबीजी, चलकर दाल देख लीजिए।

जीजी : चलो, मैं चलती हूँ। *(शोभा से)* मिठाई और कोका-कोला का काम तुम करती आओ। सोच रही थी चार-छह जनों को और बुला ही लेती। क्या फ़रक पड़ता है, जहाँ आठ वहाँ बारह।

शोभा : छोड़िए जीजी ! सच पूछें तो मेरा तो आठ का भी मन नहीं था। ऐसी स्थिति में किसे अच्छा लगता है दावत करना ? अब तो आप यही देख लीजिए कि आनेवालों में से किसी का अपमान न हो !

जीजी : तुम इसकी चिन्ता मत करो, मैं अभी अजित को समझा देती हूँ।

(जीजी भीतर चली जाती हैं। शोभा बटुआ लेकर बाहर निकल जाती है। धीरे-धीरे रोशनी हल्की हो जाती है। नौकर फूल लगे हुए फूलदान रख जाता है। भीतर से अजित आता है, हाथ में अगरबत्तियाँ और माचिस लिये हुए। जलाकर आधी बत्तियाँ एक तरफ़ लगाता है। आधी जली हुई अगरबत्तियाँ लिये दूसरी ओर जाता है, बीच में रस्सी से पैर अटक जाता है, गिरते-गिरते बचता है। नीचे झुककर अप्पी की रस्सी उठाता है।)

अजित : यह रस्सी यहाँ पटक गई ! अभी गिरते-गिरते बचा। पता नहीं इस लड़की को कब अकल आएगी !

(घंटी बजती है। अजित दरवाज़ा खोलता है। श्री तथा श्रीमती शुक्ला का प्रवेश।)

शुक्ला : बधाई हो–बधाई हो अजित !

(शोभा का प्रवेश)

अजित : बधाई आप मुझे दे रहे हैं या शोभा को ?

शुक्ला : तुम्हें ? तुम्हें किस बात की, एकदम शोभा जी को दे रहे हैं। यों थोड़े बहुत हक़दार तुम भी हो तो सही।

अजित : चाहो तो मुझे भी बधाई दे सकते हो। बर्मा शैल से मेरा नियुक्ति-पत्र आ गया है।

शुक्ला : *(हाथ मिलाते हुए)* अरे वाह, क्या खूब ! यह तो तुमने बड़ी अच्छी ख़बर सुनाई। हम तो यार, बिलकुल ही उम्मीद छोड़ चुके थे।

(श्री तथा श्रीमती चावला का प्रवेश)

शुक्ला : आओ-आओ यार चावला, अजित का भी नियुक्ति-पत्र आ गया।

चावला : सच ? कब ?

अजित : कल ही आया है। पहली से शुरू करना है।

चावला : बधाई–बधाई ! भई, मान गए तुम्हें। उन्होंने भी सोचा होगा कि कम्बख़्त ज़िद ही करके बैठ गया है तो नौकरी दो और जान छुड़ाओ। *(सब हँस पड़ते हैं।)*

शुक्ला : मैं तो अजित, तुम्हें लेकर कुछ चिन्तित हो गया था। तीन जगह तुम्हारी बातचीत क़रीब-क़रीब तय हुई और तीनों जगहें तुमने महज़ बेवकूफ़ी में छोड़ दीं। मुझे तो लगने लगा था कि यह नौकरी तुम्हें नहीं मिली तो तुम बेकार ही रह जाओगे।

श्रीमती शुक्ला : रह भी जाते तो क्या था ? आपके यहाँ तो शोभा जी चला लेती हैं। यह तो एक महीने भी बेकार रह जाएँ तो हमारी तो भूखों मरने की ही नौबत आ जाए।

(श्री तथा श्रीमती चौधरी का प्रवेश)

अजित : आइए-आइए, चौधरी साहब।

चौधरी : मुबारक हो शोभा जी ! भई, बड़ी खुशी है हमें तो। अपनों में से कोई बढ़ता है तो बड़ा अच्छा लगता है। फिर इस उम्र में प्रिंसिपल होना–सचमुच बड़ी बात है। *(अजित से)* क्यों अजित, तुम्हारा भी कुछ हुआ या नहीं।

शोभा : इनका भी कल बर्मा शैल से नियुक्ति-पत्र आ गया।

चौधरी : तुम्हें मुबारकबाद देने वाला नहीं हूँ, समझे। एक पार्टी में ही तुम सब चुकाना चाहते हो, सो चौधरी नहीं मानने का *(सब हँसते हैं।)*

(जीजी का प्रवेश। सबको नमस्कार करती हैं।)

चौधरी : जीजी, लगता है आपके घर तो खुशी जैसे छप्पर फाड़कर आई है। अकेले-अकेले सारी चीज़ें पचाने की कोशिश मत कीजिए, बदहज़मी हो जाएगी !

जीजी : *(हँसते हुए)* अकेले क्यों ?–खुशी क्या अकेले मनाने की चीज़ है ?

(नौकर कोल्ड-ड्रिंक आदि लेकर आता है। अजित और शोभा देते हैं। जीजी फिर भीतर चली जाती हैं।)

शुक्ला : मुझे तो अजित, भरोसा ही नहीं हो रहा कि तुम्हें नियुक्ति-पत्र मिल गया !

अजित : दिखाऊँ क्या ? *(उठकर मेज़ की ओर बढ़ता है।)*

चौधरी : *(बीच में ही रोकते हुए)* ठीक है...ठीक है यार, मान लिया कि इस बार तुम्हारा तुक्का चल ही गया और सो भी बड़ी ऊँची जगह पर।

श्रीमती चौधरी : कुछ भी कहो, मैं तो कहूँगी कि असली तुक्का तो शोभाजी ने मारा है। नौ महीने में ही नौकरी पक्की करवा ली...बड़ी तक़दीर वाली...

चौधरी : *(बात बीच में ही काटकर)* नहीं-नहीं-नहीं...नौ महीने की बात नहीं करते औरत के सिलसिले में, वरना सब कुछ गड़बड़ हो जाता है।

श्रीमती चौधरी : *(फटकारते हुए)* इनका दिमाग़ तो बस एक ही दिशा में चलता है। *(सब लोग ठहाका लगाते हैं, केवल शोभा चुप है। अजित का चेहरा तन जाता है।)*

चावला : अरे छोड़ो यह सब। अच्छा अजित, तुम तो यह बताओ कि किसके प्रेशर के आगे घुटने टेके बर्मा-शैल वालों ने ? हवा में तो इधर किसी और का ही नाम उछल रहा था...कोई भारी वेट वाला मामला होगा।

शोभा : प्रेशर ? किससे डलवाते प्रेशर और कौन डालता प्रेशर ? घुटने टेके हैं तो इनकी योग्यता और इनके इतने सालों के तजुर्बे के आगे। *(स्वर में थोड़ी तल्ख़ी आ जाती है।)*

चावला : अरे, आप तो ख़्वामख़्वाह नाराज़ होने लगीं। आज जब सारी दुनिया प्रेशर के बूते पर ही चल रही है तो सोचा...

शोभा : *(बात काटकर)* हाँऽऽ, जहाँ योग्यता नहीं, वहाँ तो प्रेशर डलवाना ही पड़ता है।

चावला : *(शोभा के स्वर की तल्ख़ी को अनदेखा करके हँसते हुए)* अब आप तो ऐसा मत कहिए शोभाजी...आपने तो खुद बताया था कि जयन्त के कहने से आपको यह प्रिंसिपलशिप मिली।

शोभा : *(रुखाई से)* मिलने से क्या होता है ? बाद में तो मैंने अपनी योग्यता से...

चावला : *(बात बीच में ही काटकर)* यही तो मैं भी कह रहा हूँ। योग्यता सिद्ध करने का मौक़ा तो नौकरी मिलने के बाद ही मिलता है...नौकरी पाने के लिए तो किसी दूसरी ही तरह के वज़न की ज़रूरत होती है आजकल। *(कन्धे उचकाकर)* आप लोग नहीं बताना चाहते हों तो मत बताइए...मैंने तो अपना समझकर वैसे ही पूछ लिया था।

शुक्ला : छोड़ो अजित को...पर शोभाजी की योग्यता की दाद तो मैं डंके की चोट पर देता हूँ। नौकरी मिलने के छह महीने बाद से ही उल्लू के पट्ठे उस साहनी को किस कौशल से उँगलियों पर नचाने लगी हैं आप कि कम्बख़्त भूल ही गया कि कन्फ़र्मेशन साल भर बाद होता है...नौ महीने में ही कर बैठा। भई वाह !

चौधरी : *(वातावरण में आए हल्के से तनाव को देखकर प्रसंग बदलते हुए)* अरे भाड़ में गया साहनी और भाड़ में गया तुम्हारा वेट। हम तो जश्न मनाने आए हैं सो जमकर जश्न मनाएँगे। दो-दो खुशियों के मौक़े और ये स्साले शुक्ला और चावला बाल की खाल निकालने में लगे हैं।

श्रीमती चौधरी : *(उठकर शोभा के पास जाती हैं और उसके कन्धे पर हाथ रखकर ठुनकते हुए)* शोभा, मुझे तो खुशी के साथ-साथ ईर्ष्या भी हो रही है।

चौधरी : खाली बैठे-बैठे ईर्ष्या करने से क्या होता है ? तुम भी कुछ करो न *(सबकी ओर उन्मुख होकर)* इन्होंने तो ज़िन्दगी में बस एक ही काम सीखा है—ग़रीब चौधरी पर हुकूमत करना...सो उसे बखूबी करती हैं। हो सकता है इसके लिए इन्हें कभी पद्मश्री भी मिल जाए।

(सब हँसते हैं।)

शुक्ला : *(मिसेज शुक्ला से)* क्यों कृष्णा, तुम्हें किस बात के लिए पद्मश्री दिलवाई जाए ?

मिसेज़ शुक्ला : तुम्हारे चार-चार बिगड़ैल बच्चों को पालकर भी मैं अभी तक पागल नहीं हुई इस बात के लिए।

शुक्ला : बिगड़ैल बच्चों को पालने की वजह से या कि बच्चों को बिगाड़ने की वजह से ?...देवीजी, सीखो कुछ शोभा से।

मिसेज़ शुक्ला : *(तुनककर)* पहले अजित जैसा पति बनकर तो दिखा दो फिर कुछ कहना। शोभा ने कहा अप्पी के बाद बच्चे बन्द तो बन्द...शोभा ने कहा गाना सीखूँगी तो सीखा...मंच पर गाऊँगी तो गाया...नौकरी करूँगी तो की। शोभा को सब कुछ कहने की छूट है...मजाल है जो अजित कभी किसी काम के लिए मना कर दे... और एक यहाँ...जब देखो तब...*(आवाज़ में क्रोध घुलने लगता है)* कितना कुछ सीखना चाहा था...करना चाहा था लेकिन...

शुक्ला : *(दोनों हाथों से रोकते हुए)* बस-बस-बस। इस खुशी के मौके पर किसी तरह का शिकायतनामा नहीं खुलेगा...नॉट अलाउड ! *(सब हँस पड़ते हैं। बराबर चुप रहते आए अजित का चेहरा और तन जाता है।)*

चावला : *(प्रसंग बदलकर)* जयन्त क्यों नहीं आया भाई अभी तक ?

शुक्ला : हाँ, उसे तो इस दावत में सबसे पहले आना चाहिए था। सच पूछो तो असली हक़दार तो वही है इस दावत का।

चावला : कहीं फँस-फँसा गया होगा। बहु-धन्धी आदमी जो ठहरा। क्यों शोभा, कुछ कहा था क्या देर से आने के लिए।

शोभा : *(सहज स्वर में)* नहीं तो !

शुक्ला : *(घड़ी देखकर)* पन्द्रह मिनट तक और प्रतीक्षा करूँगा... फिर मैं तो भई पहुँच जाऊँगा खाने की मेज़ पर ! क्यों अजित, हमें तो भूखा नहीं रखोगे न उसके चक्कर में ?

अजित : *(जो पहली बार बोलता है और वह भी एकदम निर्णयात्मक स्वर में)* बिलकुल नहीं...खाना समय पर ही होगा। मैं देखकर आता हूँ, भीतर क्या खबर है खाने की। *(उठकर जाता है। पीछे-पीछे शोभा भी जाती है।)*

शुक्ला : मामला कुछ संगीन ही नज़र आता है...टोन देखी अजित की ?

चौधरी : शुक्ला, तुम तो आज बद्तमीज़ी पर ही उतर आए ! ठीक नहीं है यह...

शुक्ला : क्या ठीक नहीं है ?...जो यहाँ हुआ या हो रहा है, वही तो कहा मैंने ! कौन नहीं जानता कि जयन्त...

चौधरी : *(डपटते हुए)* प्लीज़ शुक्ला ! बन्द करो यह बकवास ! तुम...

(जयन्त का प्रवेश)

शुक्ला : थिंक ऑफ़ द डेविल एंड ही इज हीयर *(जयन्त कुछ हकबकाया-सा इधर-उधर देखता है।)*

चौधरी : यार, ऐसे भौंचक भाव से क्या देख रहे हो—आपकी ही चर्चा हो रही थी।

शुक्ला : चर्चा ! अरे आपके नाम के क़सीदे काढ़े जा रहे थे।

जयन्त : *(मुस्कराकर)* अच्छाऽऽ...ऐसी क्या ख़ता हो गई मुझसे ?

शुक्ला : वैसे तो फ़ेहरिस्त लम्बी है पर पहली तो यही कि आप इतनी देर से क्यों तशरीफ़ लाए ?

जयन्त : *(मसखरेपन से)* सिर्फ़ इसलिए कि तुम्हारी फूहड़ मजाकों से बोर न होना पड़े। *(सब हँसते हैं)*

चावला : अच्छा ठोका नेहले पर देहला।

शुक्ला : शुक्ला की मज़ाकों को रेलिश करने के लिए थोड़ी सेन्स ऑफ ह्यूमर चाहिए।

जयन्त : और थोड़ी मोटी चमड़ी भी। नहीं रही होगी बेचारे मेज़बान लोगों के पास सो उठकर पहले ही भीतर चले गए। *(सब हँसते हैं।)*

चौधरी : बस, जयन्त ही चुप करा सकता है इस शुक्ला को।

श्रीमती शुक्ला : चलो कोई तो है जो इनकी जीभ पर भी ताला लगा सकता है।

शुक्ला : तुम ऐसा क्यों कह रही हो...तुम्हारे सामने तो तालू से ही चिपकी रहती है मेरी जीभ ! *(अजित का प्रवेश। जयन्त को देखकर भी अनदेखा सा करते हुए।)*

अजित : चलिए, खाना तैयार है।

जयन्त : *(बिल्कुल सहज भाव से)* बधाई हो अजित। आख़िर तुम्हारी पेशेन्स और तुम्हारा हौसला रंग लाया। बर्मा शैल...

अजित : *(बहुत ठंडे स्वर मे)* शुक्रिया ! अच्छा अब आप लोग उठिए...खाना ठंडा हो रहा है।

शुक्ला : *(उठते हुए) खाने की सुगन्ध के मारे मुझसे तो वैसे ही यहाँ नहीं बैठा जा रहा है।*

(सब लोग हँसते-बतियाते एक-एक करके भीतर जाते हैं। केवल जयन्त और अजित रह जाते हैं। एक क्षण को दोनों की आँखें चार होती हैं और अजित झटके से मुँह फेरकर भीतर चला जाता है। जयन्त खड़ा रहता है मानो इस दुविधा में हो कि भीतर जाए या वापस लौट जाए, फिर धीरे-धीरे भीतर चला जाता है।)

(भीतर से बोलने की आवाज़ें आती हैं। धीरे-धीरे रोशनी कम हो जाती है, आवाज़ मन्दी पड़ती जाती है। फिर आवाज़ एकदम बन्द, रंगमंच पर अन्धकार। रात के दस के क़रीब बजते हैं। शोभा भीतर से आकर बत्ती जलाती है, कमरा ठीक करती है। तभी

घंटी बजती है। शोभा दरवाज़ा खोलती है। अजित का प्रवेश। सोफ़े पर बैठकर जूते खोलता है।)

शोभा : छोड़ आए चौधरी साहब को ?

अजित : छोड़ आया। *(कुछ ठहरकर)* तो हो गई आपकी दावत की हविस पूरी ?

(शोभा केवल अजित को घूरती है, जवाब नहीं देती।)

अजित : चलो, एक तरह से अच्छा ही हुआ। आज तुम्हारा एक भ्रम तो दूर हुआ।

शोभा : कौन-सा भ्रम ?

अजित : मैं कहता था तो तुमको लगता था कि मैं शक्की हूँ, दक़ियानूसी हूँ। *(आवेश बढ़ जाता है)* सुन लिया...आज तो साफ़-साफ़ मुँह पर ही कह गए सब लोग। सच बात कहने से तुम किसे-किसे रोकोगी, और कब तक रोकोगी ?

शोभा : क्या कह गए ?

अजित : अच्छाऽ ! तो अभी भी समझ में नहीं आया ?

शोभा : मेरे पास करने को बहुत काम हैं। बेकार ही बैठी-बैठी बातों के अर्थ नहीं लगाया करती।

अजित : हाँऽऽ। आप तो बड़ी कामकाजी हैं, बेकार और निकम्मा तो मैं हूँ। पर शोभाजी, जो बातें दिन के उजाले की तरह साफ़ हैं, उनका अर्थ लगाने के लिए बैठकर मग़ज़मारी नहीं करनी पड़ती, समझीं ! *(कुछ ठहरकर)* बच्चा-बच्चा जानता है कि जयन्त की वजह से तुम्हें यह नौकरी मिली है, उस लफंगे साहनी को ख़ुश करके नौकरी पक्की हुई है। जयन्त अपनी पत्नी छोड़ चुका है, वह अकेला है और दोस्ती की आड़ में—

शोभा : *(बीच में चीख़-सी पड़ती है)* अजित, होश सम्हालकर बात करो। *(काँपने-सी लगती है)* शर्म नहीं आती तुम्हें इस तरह की बातें करते हुए ? तुम समझते हो मैं इतनी नीच हूँ !—

अजित : नीचता की इसमें क्या बात है ? अपनी महत्त्वाकांक्षा को पूरी करने के लिए आदमी सबकुछ करता है। क्या हो गया यदि साहनी साहब एक बार मीटिंग के बहाने अपने बँगले

पर बुला लेते हैं या कि– *(ठहर जाता है)*

शोभा : कह लो, कह लो, रुक क्यों गए ?

अजित : इसलिए कि मैं अभी इतना बेशर्म और बेहया नहीं हुआ हूँ। तुम्हें जिन चीज़ों को करने में शर्म नहीं आती, मुझे कहने में भी शर्म आती है।

(शोभा हाथ का काम छोड़कर अजित के सामने गुस्से से काँपती हुई आकर खड़ी हो जाती है।)

शोभा : देखो अजित, दो महीने से जो कुछ भी तुम्हारे मन में उमड़-घुमड़ रहा है उसे कह डालो। आज कुछ भी मन में मत रखो। मैं भी तो देख लूँ कि किस स्तर तक तुम उतर सकते हो। *(अजित तीखी नज़रों से शोभा को देखता रहता है)* मुझे जयन्त ने काम दिलवाया है तो दुनिया भर की बातें तुम्हें सूझ रही हैं। पर जानते हो तुम्हें यह नौकरी किसके बूते पर मिली है ? *(अजित की भृकुटि चढ़ जाती है और आँखों में हल्का-सा प्रश्न उभर आता है)* इसमें भी कोई मतलब ढूँढ़ो। यह तो जयन्त का बड़प्पन है कि रात-दिन एक कर दिया, पता नहीं किस-किसका अहसान लिया, पर एक शब्द तक मुँह पर नहीं लाए, और एक तुम हो कि–

अजित : बकवास बन्द करो। तुम सोचती हो जयन्त ने मुझे नौकरी दिलवाई है ? क्या है जयन्त ? ऐसी कौन-सी बड़ी हस्ती है जो मुझे नौकरी दिलवाएगा ? यह नौकरी कोई महिला विद्यालय की प्रिंसिपलशिप है जो जयन्त दिलवा देगा !

शोभा : प्रमाण देखना चाहते हो, दिखलाऊँ वे सारी चिट्ठियाँ !

अजित : सबकी नज़रों में तुम गिर चुकी हो, तो अब तुम मुझे गिराना चाहती हो–

(जीजी का प्रवेश। हक्की-बक्की-सी देखती हैं।)

जीजी : क्या बात है ? क्यों हल्ला मचा रखा है ?

अजित : *(चीख़कर)* इसे मेरे सामने से ले जाइए जीजी। मैं इस औरत की शक्ल नहीं देखना चाहता।

जीजी : होश में आओ अजित ! तुम्हारा दिमाग़ तो ख़राब नहीं हो गया है ? *(शोभा को पकड़ती है)*

शोभा : *(जीजी का हाथ छुड़ाते हुए)* मैं अब एक मिनट के लिए भी इस घर में नहीं रहना चाहती जीजी। ये बेकार नहीं होते तो कभी की घर छोड़कर चली जाती। कौन रह सकता है ऐसे शक्की आदमी के साथ ?

अजित : अच्छा, तो तुम मुझ पर दया करके यहाँ रह रही थीं, मुझे खिलाने के लिए ?

शोभा : हाँऽऽ—तुम्हें खिलाने के लिए। तीन महीने से यह घर मेरे ही बूते पर चल रहा था, मालूम है ? सारा अपमान सहकर भी उस स्थिति में मैंने जाना—

अजित : अपने को बेचकर नौकरियाँ हासिल करनेवाली के मुँह से मान की बात सुनकर हँसी आती है—

जीजी : तुम यहाँ से चलो शोभा...*(पकड़कर जबर्दस्ती भीतर ले जाने लगती है। जाते-जाते अजित से)* तुम पहले अपने दिमाग़ का इलाज करवाओ, फिर बात करना।

शोभा : मैं इस घर में नहीं रहूँगी जीजी—एक दिन भी नहीं रहूँगी—*(जीजी उसे जबर्दस्ती ले जाती है।)*

(अजित ज़ोर-ज़ोर से कश खींचकर सिगरेट पीता है, परेशान-सा कमरे में चक्कर लगाता है। धीरे-धीरे अन्धकार हो जाता है।)

दूसरा दृश्य

(सन्ध्या के सात बजे। अजित कमरे में टहल रहा है। बाहर से जीजी का प्रवेश। अजित मानो उन्हीं की प्रतीक्षा कर रहा था, कुछ पूछना चाह रहा है, पर पूछता नहीं।)

जीजी : मैं मिलकर आ रही हूँ शोभा से *(अजित केवल जीजी की ओर उत्सुकता से देखता है)* वह आने को तैयार नहीं है। वह अब नहीं आएगी !

अजित : ठीक है। *(सिगरेट फेंकते हुए)* मैंने तो आपसे पहले ही कहा था, जाना बेकार है। क्यों गईं थीं आप ?

जीजी : *(क्रोध से)* क्यों गई थीं ? सूरत देखी है अपनी शीशे में ? हालत देखी है घर की, उस मासूम बच्ची की ? रो-रोकर बेचारी बीमार पड़ गई। तुम उसके बाप हो ! सुन लो अजित, शोभा के बिना मुझसे भी कुछ नहीं होने का !

अजित : तो क्या करूँ मैं ? आपसे नहीं होता तो आप भी चली

जाइए ? मैं भी ऑफिस जाना छोड़ दूँगा। कह दूँगा, मेरी बच्ची बीमार है, उसकी माँ उसे छोड़ गई–मर गई। *(एकदम फूट पड़ता है।)*

जीजी : *(बहुत ही स्निग्ध स्वर में)* अजित ! सब कुछ समझते हो, महसूस करते हो, फिर क्यों बेकार की ज़िद किए बैठे हो ? सारे शहर में बदनामी हो रही है। मेरा तो सिर फिर गया है, कुछ भी समझ में नहीं आता कि क्या करूँ ? वहाँ गई तो साहनी साहब बैठे थे ?

अजित : कह रहे होंगे कि होटल में क्यों ठहरी हैं, मेरी कोठी पर आ जाइए ! ये लोग तो ऐसे मौकों की ताक में ही रहते हैं। महिला विद्यालय–

जीजी : फिर वही बात ? तुम इतने शक्की क्यों हो गए हो अजित ? इस बात के सिवाय क्या तुम्हारे दिमाग़ में और कोई बात ही नहीं आती ? जानते हो, क्या कह रहे थे ? कह रहे थे कि इस स्थिति से तो कॉलेज की बड़ी बदनामी होती है–प्रिंसिपल का असर दूसरी लड़कियों पर *(रुक जाती है और अजित को देखती है, वह बड़ी उत्सुकता से जीजी को देखता रहता है)* शोभा ने कह दिया कि यह उसका व्यक्तिगत मामला है। और यदि कॉलेज की बदनामी का सवाल है तो वह इस्तीफ़ा दे देगी !

अजित : क्याऽ ?

जीजी : *(आवेश में)* क्या-क्या क्या कर रहे हो। जो कुछ देख-सुनकर आ रही हूँ, वही बता रही हूँ। *(कुछ देर रुककर...आवाज को धीमा करके)* जयन्त भी वहीं था... वह साहनी साहब को समझा भी रहा था और फटकार भी रहा था।

अजित : ओह, तो वह भी वहाँ पहुँचे हुए हैं !

जीजी : *(गुस्से से)* देख रही हूँ कि तीन महीने की बेकारी ने तुम्हें इतना दुर्बल और शक्की बना दिया है कि–

अजित : बेकारी–बेकारी–! हाँ मैं तीन महीने से बेकार था। बेकारी ने मुझे शक्की बना दिया है ! आपको भी जितना सुनाना हो सुना लीजिए ?